Executive Search // *Auf der Suche nach Erfolg*

Executive Search
Auf der Suche nach Erfolg // *Clemens Weick*

Impressum. .... ■

Herausgeber // Clemens Weick
Gestaltung // DesignConcepts GmbH // www.designconcepts.de
in Kooperation mit Jochen Weick

© bei Weick Media
Alle Rechte vorbehalten
ISBN // 978-3-00-023597-9
Verlag // Weick Media
Erste Auflage 2008

Dank

Im Jahre 1998 empfahl ein Kandidat einen unerfahrenen, frisch promovierten Absolventen, der gerade seine Habilitation begonnen hatte, einem viel beschäftigten Partner einer renommierten Personalberatung, die zum Prinzip hatte, nur Berater aus der Branche oder langjährige HR-Manager einzustellen, für ein unverbindliches Gespräch. Der Partner war Dr. Waldemar Timm, der Habilitant war ich.

Herrn Dr. Waldemar Timm, der mich in sein Team holte und mir die Freiheitsgrade bot, mich in die Materie Executive Search einzuarbeiten und eigene Wege zu gehen, gilt mein besonderer Dank. Ohne ihn wäre ich nicht Personalberater geworden, ohne ihn wäre ich nicht Partner geworden, ohne ihn wäre ich nicht so lange bei dieser Firma geblieben und damit wäre ohne ihn dieses Buch nicht entstanden.

Für die Unterstützung bei der Realisierung dieses Buches möchte ich mich besonders bei meiner Frau Ulrike bedanken, die unzählige Stunden gelesen, korrigiert, in Frage gestellt und redigiert hat. Ebenso danke ich meinem Bruder Jochen und seiner Werbeagentur maniaqueDL für die Erstellung der Grafiken und permanente Änderungen des Manuskripts zu den unmöglichsten Tages- und vor allem Nachtzeiten.

Außerdem gilt mein Dank Herrn Uli Nocke und Frau Sabrina Scherzinger von DesignConcepts in Furtwangen sowie der Lektorin Gabriele Betz, die diesem Buch in gestalterischer und grammatikalischer Detailarbeit den letzten Schliff gegeben haben.

Last but not least gilt mein Dank meinen Kunden, die mir über viele Jahre das Vertrauen schenkten, mich mit dem Wertvollsten ihrer Firmen zu beschäftigen: Die Suche und Auswahl ihrer Führungskräfte und Spezialisten. Viele lange, kritische, ergiebige und anregende Gespräche sowie viele interessante Suchprojekte in den unterschiedlichsten Branchen, Funktionen und Facetten haben die eigentliche Basis für dieses Buch gelegt. Dafür vielen Dank!

Inhaltsverzeichnis ....

Dank	5
Vorwort	9
no. 1 // Human Resources	**15**
no. 2 // Executive Search & Selection	**23**
Special: Die Suche von Beiräten und Aufsichtsräten	27
no. 3 // Der Berater	**31**
3.1 Die Fachkenntnis	36
3.2 Die Menschenkenntnis	37
3.3 Honorare, Referenzen & Tabus	39
no. 4 // Die Unternehmens- und Positionsanalyse	**41**
4.1 Situationsanalyse	46
4.2 Die Branche	50
Special: Der Public Sector	53
4.3 Unternehmenskultur & Werte	58
4.3.1 Die HR-Kultur	63
4.3.2 Die Business-Kultur	68
4.4 Position & Anforderungsprofil	70
4.5 Das Ergebnis der Analyse	73
no. 5 // Der Kandidat	**77**
5.1 Die Methodik	78
5.1.1 Das Kompetenzmodell	79
5.1.2 Das Potenzialmodell	84
Special: Das Commitment von Mitarbeitern	85
5.1.3 Bilder aus der Wissenschaft	92
5.2 Kompetenz I: Der Werdegang	104
5.2.1 (Aus-) Bildung	106
5.2.2 Berufserfahrung	110
5.2.3 Führung	113

  5.2.4 Internationalität   120
  5.2.5 Leistung, Erfolge und Ziele   120
   Special: Eliten in der Wirtschaft   127
  5.2.6 Rahmendaten   129
 5.3 Kompetenz II: Das Fachprofil   137
 5.4 Kompetenz III: Die Persönlichkeit   143
  5.4.1 Der erste Kontakt   146
  5.4.2 Dynamik & Energie   149
  5.4.3 Authentizität und Charisma   154
  5.4.4 Die Intelligenz   156
 5.5 Kompetenz- und Potenzialprofilierung   157

no. 6 // Executive Search – Ein Beispiel aus der Praxis   **165**
 6.1 Unternehmens- und Positionsanalyse   166
  6.1.1 Die Situation des Unternehmens   166
  6.1.2 Das Branchenumfeld   167
  6.1.3 Die Unternehmenskultur   168
  6.1.4 Markt & Innovation   168
  6.1.5 Position & Aufgaben   169
  6.1.6 Das Anforderungsprofil   170
 6.2 Suchstrategie/Methodik   171
 6.3 Kompetenz- und Potenzialanalyse   172

no. 7 // Faszination Executive Search   **181**

Anhang   **185**
 Anhang 1: Abbildungsverzeichnis   186
 Anhang 2: Abkürzungen   187

Vorwort

Für Unternehmen und ihre Lenker ist sie die oberste Pflicht, für Kandidaten ist sie mit grundlegenden Weichenstellungen verbunden, für Berater ist sie ein hartes, arbeitsintensives und lohnendes Geschäft: Die Suche und Auswahl von Fach- und Führungskräften.

Die wichtigste Aufgabe einer Führungskraft[1] ist, für eine Top-Mannschaft zu sorgen, die zweitwichtigste, die Leistungs- und Potenzialträger zu fordern und zu fördern, die dritte Aufgabe ist, sich vom Rest zu trennen: »It's the people who make a company different« (Henry Ford).

Mit diesen drei Aufgaben ist eine Führungskraft nie fertig! Branchen, Märkte, Anbieter, Unternehmen, Produkte, Erfolgsfaktoren, Aufgaben, Anforderungen und Menschen ändern sich permanent und tendenziell auch schneller: »Wenn wir wollen, dass alles so bleibt, wie es ist, dann ist es nötig, dass alles sich verändert« (T. di Lampedusa). HR-Management ist ein perpetuum mobile. Und das nicht nur in großen Konzernen, sondern besonders auch bei den Hidden Champions des Mittelstandes.

Dieses Buch habe ich geschrieben für Unternehmen und Manager, die etwas bewegen wollen. Das sind mittelständische Unternehmen oder Unternehmenseinheiten größerer Organisationen und ihre Führungskräfte. »Mittelstand« ist für mich keine Kategorie für Unternehmensgröße, sondern für eine Art der Unternehmensführung – und mittelständische Unternehmen sind keine kleinen Großunternehmen. Unabhängig davon, ob sie 100 oder 10.000 Mitarbeiter beschäftigen, agieren diese Unternehmen in überschaubaren Unternehmenseinheiten, zeichnen sich durch hohe Identifikation von Unternehmern, Führungskräften und Mitarbeitern, stabile Wertegerüste, Authentizität, langfristige Ausrichtung und Kontinuität, Bodenständigkeit und Standorttreue bei gleichzeitig starker Innovationskraft und ausgeprägter Internationalität aus und erzeugen bei mir Tag für Tag eines: die Faszination Mittelstand.

1 // Der Text dieses Buches ist geschlechtsneutral. Die Praxis zeigt, dass sich selbstbewusste Frauen in Unternehmen durch Begriffe wie Managerin, weibliche Consultant, Führungskraft (m/w) oder Geschäftsführer/in eher belächelt als ernst genommen fühlen.

Vorwort ....

Wenn ein Bergsteiger einen schwierigen Berg bezwingen, ein Segler eine Regatta gewinnen oder ein Fußballtrainer mit seinem Team Spitzenleistung erbringen möchte, muss er die Besten um sich scharen, sie trainieren, Schwachstellen ausmerzen und auf ein Ziel hin ausrichten: Hier sind Führung und permanente Professionalisierung selbstverständlich. Dort, wo man sie am ehesten vermuten würde – in Unternehmen – ist sie selten. Rücksicht, Integrierbarkeit, Seilschaften und Mittelmaß dominieren die Szene, überall hängen »Flaschenzüge«: Eine Flasche zieht die andere – Mittelmaß generiert Mittelmaß. Mutige Querdenker und starke Führungskräfte fordern viele, einstellen will sie kaum einer.

Mit dem Menschen als Forschungsobjekt befassen sich seit jeher unzählige Wissenschaften, von der Biologie und Medizin über die Soziologie, Psychologie und Anthropologie bis hin zur Betriebs- und Volkswirtschaft. Heerscharen von Wissenschaftlern forschen an Details, tausende Mann-Jahre werden jährlich investiert, unzählige Bücher füllen die Bibliotheken. Aber verstanden ist das komplexe und facettenreiche Phänomen Mensch noch längst nicht. In der Mitte des 20. Jahrhunderts tritt dann eine Spezies zutage, deren Beruf man bis heute kaum studieren kann und deren Aura oft an die indianischer Medizinmänner rückt – die Personalberater: Engagierte Profis, abgehalfterte Mittelmanager, frischgebackene Universitätsabsolventen und graumelierte Gurus treffen beim Kunden aufeinander und erklären ihm, dass er ohne sie kaum überlebensfähig ist.

Das Einschalten eines Personalberaters allein ist noch keine Garantie auf eine Spitzenposition im Kampf um Talente. Aber wenn mit dem Personalberater und seinem Auftraggeber zwei Profis am Werk sind, steigt die Erfolgsrate rapide. Wenn man bedenkt, wie viele Millionen Euro eine Volkswirtschaft, manchmal sogar ein einzelnes Unternehmen durch die Fehlbesetzung einer Führungskraft verliert (oder nicht erwirtschaftet!), ahnt man die Bedeutung professioneller Rekrutierungsprozesse. Am wenigsten meine ich Verluste durch Trennungsgelder. Es sind eher die multiplikativen Effekte, die Unternehmen bremsen. Ist die Spirale der Mittelmäßigkeit einmal in Gang gesetzt, heuern zweitklassige Manager drittklassige Mitarbeiter an: Falsche Strategien, Änderungen von Unternehmenskulturen, misslungene Akquisitionen, das Kündigen ganzer Teams, die Einschränkung von innovativen oder vertrieblichen Freiheitsgraden und vieles mehr schaden den Unternehmen viel nachhaltiger.

Über Executive Search findet man sehr wenig Literatur. Das hängt wahrscheinlich damit zusammen, dass gerade das eigentliche Headhunting in Deutschland manchem lange Zeit als »unseriös« erschien oder die Personalberater durch das Offenlegen ihrer Arbeit befürchtet haben, dass ihr Mythos verblassen könnte. Weil ich der Meinung bin, dass Executive Search nicht nur Intuition, sondern vor allem ein präzises und professionelles Handwerk ist, möchte ich dies gerne ändern. Auch ein Spitzenkoch lebt nicht nur vom Mythos, sondern als anspruchsvoller Handwerker von Möhren, Salz und Essig.

Die Rekrutierung von Fach- und Führungskräften hat drei Akteure. Der Mathematiker würde sagen, die Gleichung hat drei Unbekannte: den Berater, das Unternehmen und den Kandidaten. Nach einer kurzen Einführung zum »Faktor Mensch«, den Human Resources und einer prozessorientierten Definition und Darstellung von Executive Search & Selection wird jede dieser Unbekannten separat analysiert und vorgestellt.

Zunächst steht der Berater und seine Arbeit im Fokus: Für die einen ist er unnötig, für die anderen unverzichtbar. Im ersten Fall können Führungskräfte diese Lektüre zur Strukturierung und Professionalisierung der eigenen Rekrutierungsarbeit nutzen. Für den zweiten Fall stelle ich kurz die Arbeit dieser Berufsgruppe vor.

Danach richte ich das Augenmerk auf Unternehmen, die einen Bedarf an Fach- und Führungskräften haben. Deren Analyse und Einschätzung ist für einen Berater im Zuge einer sorgfältigen und zielführenden Talentsuche ebenso unabdingbar wie für den Kandidaten, bevor er sich entschließt, als Manager in diese Firma einzutreten.

Der Hauptfokus dieses Buches liegt auf der Beurteilung von Kandidaten durch den Berater und/oder seinen Kunden. Für viele Personalprofis

Vorwort

und Führungskräfte ist es eine permanente Herausforderung, Werdegänge, Fachprofile, Persönlichkeitsprofile und Potenziale von Kandidaten sorgfältig zu analysieren und zu bewerten. Dabei kann ein einfaches Kompetenzmodell helfen, den Prozess sauber zu strukturieren und zu vereinfachen.[2] Durch die Detaillierung des Kompetenzmodells und die Anpassung an das jeweilige Unternehmen und dessen spezifische Situation bzw. spezielles Positions-/Anforderungsprofil generieren wir ein relatives Kompetenzprofil eines Kandidaten, das man mit einer Potenzialeinschätzung weiter präzisieren und so ein Kompetenz- und Potenzialprofil erstellen kann.

Im Anschluss werden die Faktoren Kompetenz und Potenzial im Zusammenhang dargestellt und über den Zeitverlauf betrachtet. Ein Beispiel aus der Praxis soll zu guter Letzt die theoretischen und methodischen Inhalte dieser Kapitel veranschaulichen.

Dieses Buch berichtet von zehn Jahren Executive Search bei einem marktführenden Unternehmen der Zunft und dem Versuch, dem enormen Anspruch an einen Personalberater ansatzweise gerecht zu werden: Fach- und Führungskräfte zu suchen, zu motivieren, zu bewerten und für den Auftraggeber mit nachhaltigem Erfolg zu rekrutieren. Es soll Unternehmen und Kandidaten gleichermaßen reizen, provozieren und helfen, in der Balz um die besten Führungskräfte bzw. attraktivsten Unternehmen Erfolg zu haben, denn Erfolg ist nicht die Kür, sondern die Pflicht von Unternehmen und deren Führungskräften.

Über jedes Kapitel, manchmal sogar über kurze Passagen, könnte man ganze Bücherserien schreiben, über viele Textpassagen unzählige Detailarbeiten anfertigen. Da ich weiß, dass eine vollständige Darstellung weder möglich noch sinnvoll ist, versuche ich es erst gar nicht. Dieses Buch möchte keine fertigen Antworten liefern, sondern zum Nachdenken und zum permanenten Verbessern anregen. Nicht die hohe und

---

2 // Viele Berater verkomplizieren mit arbeitsteiligen »HR-Produkten« die Suche und Auswahl von Fach- und Führungskräften unnötigerweise, wodurch sie zwar profitables »Herrschaftswissen« produzieren, jedoch die Transparenz für Mandant und Kandidat deutlich reduzieren.

hehre Wissenschaft ist das Maß der Dinge, sondern Pragmatismus und Praktikabilität. Damit möchte ich ein Phänomen vermeiden, das man zuweilen unter sehr akademischen und theoriefokussierten Beraterkollegen hört: »Wir haben gesehen, dass es klappt, aber funktioniert es auch in der Theorie«?

Wenn durch die Lektüre dieses Buchs der Kampf um die Besten ein Quäntchen professioneller wird, hat das Buch sein Ziel erreicht. Wenn es für den Leser darüber hinaus noch eine unterhaltsame Note hat, wäre ich glücklich.

Wer das Lächerliche versucht wird das Unmögliche schaffen.

Clemens Weick
Im Winter 2007

no. 1

Hüte Dich vor Mittelmaß

Human Resources

Zu Zeiten der klassischen Nationalökonomen wie A. SMITH *oder* D. RICARDO *waren der Besitz von Grund und Boden und dessen Schätze, später Arbeit, Produktionskapazitäten und finanzielles Kapital (Mitarbeiter waren damals in rauer Menge vorhanden!) die Basis für den Erfolg einer Volkswirtschaft. Heute sind es vor allem das* **Wissen** *und die* **Erfahrung** *leistungsbereiter Mitarbeiter und Führungskräfte, die Human Resources — ein Terminus, den ich übrigens sehr wertschätzend verwende!*

In den vergangenen Jahren wurden durch die wirtschaftliche und politische Transformation Osteuropas und die Öffnung neuer Produktions- und Absatzmärkte in Asien Produktionskapazitäten und damit Arbeitsplätze in einem nie dagewesenen Exodus nach Osten verlagert. Gleichzeitig verkürzten sich die Innovations- und Lebenszyklen der Produkte drastisch. Durch dieses **volatile Umfeld** entstehen für und in Unternehmen nicht nur neue Freiheitsgrade und neue Risiken, sondern erhöhen sich auch die Komplexität der Aufgaben und damit deren Unschärfe, Vielfalt und Optionalität sowie das Anspruchsniveau an die Qualifikation und die Leistungsbereitschaft von Fach- und Führungskräften signifikant. Wenn dazu die **demographische Entwicklung**[3] in Teilen Europas düstere Schatten wirft und gleichzeitig viele sehr gut ausgebildete Wissenschaftler und Ingenieure das Land verlassen (**brain drain**), wird der Faktor »Mensch«, genau genommen der hochqualifizierte und leistungsbereite Mitarbeiter, zum Engpass und zum zentralen Parameter erfolgreicher Unternehmensführung. Ein **neuer War for Talents** ist in vollem Gange. Die richtigen Mitarbeiter und Führungskräfte im Unternehmen zu haben und zu halten, wird nicht nur zum **Wettbewerbsfaktor** in der Global Economy, sondern entscheidet über das Überleben und Nicht-Überleben von Unternehmen: Eine faszinierende Situation für strategisch denkende Unternehmer und Führungskräfte, ein Trauma für alle, die zum Spielball werden.

3 // Man berücksichtige jedoch, dass Demographen berufsbedingt zum Apokalyptischen neigen!

Man muss nicht unbedingt 200 Jahre zurückblicken, als WELLINGTONS Sieg über NAPOLEON noch per Brieftaube übermittelt wurde oder als bei der Einführung der Eisenbahn (1804) befürchtet wurde, das Atmungssystem der Fahrgäste könne zusammenbrechen und die gaffenden Kühe keine Milch mehr geben, um die technischen, ökonomischen, regionalen und politischen Verwerfungen plastisch zu machen. Da genügen schon Rückblicke von 10 oder 20 Jahren:
- Automobile made in Japan gelten nicht länger als langweilig und preiswert, sondern als besonders innovativ und zuverlässig, während man den Nimbus »made in Germany« oft nur noch mit »teuer« verbindet.
- Bei der Optimierung und Verschlankung von Produktionsprozessen gelten die großen deutschen Autobauer als Negativbeispiele, während der Begriff Toyota Produktionssystem (TPS) auch dem letzten Produktionsleiter bekannt ist und auf die japanische Benchmark verweist.
- Der No-Name MICHAEL DELL entwickelt sich in wenigen Jahren zur Nr.1 der Branche, weil er die Spielregeln des Marktes neu definiert. Der langjährige Branchen-Primus IBM verkauft seine PC-Sparte an den Chinesen LENOVO.
- Schwellenländer wie Indien oder China, beides sehr bevölkerungsstarke Nationen, treten in die Wettbewerbsarena ein und werden in den nächsten Jahren verstärkt nach Europa und Amerika (z.B. mit der Produktion von LCD-Bildschirmen) expandieren, um mit ihren Produktionsstätten näher an diesen Absatzmärkten zu sein. Das ist die asiatische Antwort auf den europäischen »OST-Exodus« der 90er-Jahre.
- Im kommunistischen China hält purer und ungebremster Kapitalismus Einzug. Millionen arbeitshungriger Chinesen begegnen auf dem globalen Arbeitsmarkt europäischen Mitarbeitern, die vehement die 35-Stunden-Woche verteidigen.
- Das World Wide Web entwickelt sich nicht wie geplant zu einem atombombensicheren Kommunikationsnetzwerk der US-Militärs,

sondern zu einer Kommunikationsplattform für jedermann und zu einem milliardenschweren Vertriebskanal.
- Über einen Telefonanschluss in einem Schwellenland bekommt man die gleichen Informationen wie in einem Internetcafe im Central Park.
- Das Taxi zum Flughafen ist teurer geworden als der Flug in den Urlaub.
- Der Neuling Google ist an der Börse fast doppelt so viel wert wie Time Warner, das größte Medienunternehmen der Welt. Sein Markenwert überholt 2007 den von Coca Cola.
- Nokia entwickelt sich von einer Papierfabrik zu einem der größten Handyhersteller der Welt.
- Virtuelle Unternehmen entwickeln in Deutschland, konstruieren in Indien, produzieren in China, finanzieren in Luxemburg und managen aus den USA.
- Ländergrenzen schwinden, neue Wirtschaftsregionen, wie z.B. die »Blaue Banane«,[4] Singapur, Katalanien oder Dalian entstehen.
- Große Unternehmen funktionieren besser, nachdem man von bis zu 15 Hierarchieebenen (!) jede zweite entfernt hat.

Der Aufbau von **intangible assets**, also nicht-monetärem und immateriellem Vermögen wie Wissen, Patente (»intellectual properties«) oder Netzwerke gelingt nur mit den besten Mitarbeitern. **Investitionen in Humankapital**[5] prägen die Wettbewerbslandschaft und haben enorme Skaleneffekte. Haben oder Nicht-Haben entscheidet über Sein oder Nicht-Sein.

Die Realität sieht in vielen Unternehmen häufig noch anders aus: Während man über Investitionen in osteuropäische Werkhallen, in

---

4 // Als »Blaue Banane« bezeichnet man mit BRUNET (1989) die Region zwischen Manchester, London, Belgien, Niederlande, Ruhrgebiet, Frankfurt, Stuttgart, der Schweiz, Turin, Mailand und Genua und erweitert sie über Nizza, Marseille, Montpellier, Barcelona und Valencia zur »Goldenen Banane«.

5 // Auch diesen Begriff verwende ich sehr wertschätzend, obwohl er im Jahre 2004 zum Unwort des Jahres gekürt wurde.

Hightech-Maschinen am deutschen Produktionsstandort oder in üppige IT-Systeme monatelang nachdenkt, werden Investitionen in Human Resources oft sehr unprofessionell getroffen und umgesetzt. Dabei sind Investitionen in die Ressource Mensch nicht nur die wichtigsten, sondern oft auch die kapitalintensivsten und folgenreichsten eines Unternehmens: »Der Mensch ist das Maß der Dinge« (Protagoras, 490–411 v. Chr.).

Nicht erst seit PISA wissen wir, dass Investitionen in eine gute Qualifikation nicht erst an der Hochschule, sondern bereits in der Kindheit und Jugend stattfinden müssen. In der Schule steht häufig das stupide Abarbeiten von Lerninhalten und Lehrplänen im Vordergrund, statt möglichst früh eine Vernetzung von Schule und Wirtschaft zu forcieren. Wenn kaum ein Lehrer je ein Unternehmen von innen gesehen, geschweige darin gearbeitet hat, wundert es niemanden, dass die meisten Oberstufenschüler bis kurz vor dem Abitur, viele auch lange danach, orientierungslos in Studienführern blättern. Wenn sich hochbegabte, auf Konformität getrimmte Schüler in bunt gemischten Schulklassen langweilen, während die Wirtschaft dringend Eliten braucht, wenn junge Menschen in der Schule als »vorlaut« gebremst werden, während Unternehmen gleichzeitig händeringend willens- und durchsetzungsstarke Manager suchen, stellen sich die Grundfragen der Erziehung im 21. Jahrhundert neu.

Wir lernen vom Mathematiker Gauss, dass 68% des Managements als mittelmäßig (Mittelwert +/- 1 δ[6]), 16% sogar als schlecht (< -1 δ) einzustufen sind (vgl. Kap. 5.1.3 und Abb. 18). Das funktioniert nur dann, wenn Unternehmen robust und Märkte stabil sind: klare Spielregeln, leidensfähige Mitarbeiter, tolerante Kunden, mäßiger Wettbewerb. Ändern sich jedoch die Rahmenbedingungen, ändern sich auch die Anforderungen an das Management: In einem **volatilen Umfeld** muss man schnell, flexibel, selbstständig und ohne langwierige Rückversicherungen managen und entscheiden können. Ungewöhnliche Situationen verlangen

---

6 // δ ist die Standardabweichung vom Mittelwert

ungewöhnliche Lösungen. Dazu braucht es mündige, motivierte, gut qualifizierte, informierte, eigenständige Führungskräfte und Mitarbeiter und nicht nur Befehlsempfänger. Außerdem braucht es in allen Bereichen und Hierarchien einige **Top-Performer,** welche in der Lage sind, neue Strategien zu definieren, die richtigen Impulse zu setzen und die Teams auszurichten. Die Arbeit von mittelmäßigen Fach- und Führungskräften sollte – wenn sie leistungsbereit sind – auf das operative Umsetzen reduziert werden. Wenn sie nicht leistungsbereit sind, sollten sie das Unternehmen verlassen (vgl. Kap. 5.5). Wichtig ist es in jedem Falle, sie von Strategie- und Rekrutierungsprozessen fernzuhalten. Ansonsten setzt man die gefährliche **Spirale der Inkompetenz** in Gang, die für Unternehmen den Charme eines virulenten Magen-Darm-Virus hat: Der zweitklassige Geschäftsführer holt drittklassige Bereichsleiter, die wiederum brave, unterdurchschnittliche Mitarbeiter einstellen. Überschreitet das Maß an Mittelmaß eine gewisse Marke, sind Unternehmen existenziell gefährdet. Deshalb muss das Top-Management Systeme und Tools installieren, die Leistung und Nicht-Leistung transparent machen – in der Regel über ihre Führungskräfte, notfalls auch ohne sie. Worst Case und wirtschaftlicher Nonsens ist es, wenn sich sehr gute Mitarbeiter oder Abteilungsleiter unter mittelmäßigen Führungskräften nicht entfalten können und im Extremfall sogar das Unternehmen verlassen.

Das Gefährliche daran ist, dass sich die Symptome schleichend etablieren: Mittelmäßiges Management entwickelt das Unternehmen nicht nur in Hinblick auf den **Wettbewerb** nicht schnell genug voran, sondern auch in Hinblick auf die sehr guten **Mitarbeiter,** denen sie durch eine schwache Unternehmensperformance nicht genügend Verantwortungs- oder Karriereperspektiven bieten können und sie so unbewusst zum Verlassen des Unternehmens nötigen. Bis so ein Prozess auffällt, kann es Jahre dauern, ihn zu reparieren ist langwierig und extrem schmerzhaft.

Haben Unternehmen jedoch die richtigen Führungskräfte, setzt ein gegenläufiger Prozess ein – die **Spirale der Professionalisierung.** Top-Führungskräfte begeistern mit ihrer »Strahlkraft« (potenzielle) Mitarbeiter, steigern dadurch permanent Erfolg und Attraktivität des Unternehmens und bieten den Mitarbeitern durch Wachstum und Expansion permanent neue, spannende Aufgaben und Karrieremöglichkeiten. Ist dieser **kumulative Effekt** – ähnlich dem Zinseszins – einmal im Gange, ist er der beste Wettbewerbsvorteil! Dies merken Unternehmen daran, dass sich potenzielle Kandidaten nicht primär auf kurzfristige Karriere- oder Gehaltssprünge bewerben, sondern in den Interviews stärker von der Attraktivität des Unternehmens, der Marke, der Innovationskraft oder gar der Unternehmenskultur schwärmen. Welcher Top-Nachwuchs-Fußballer würde nicht gerne (und vorübergehend sogar bei niedrigerer Dotierung) bei einem Top-5-Bundesligisten trainieren, wenn er die Möglichkeit sieht, mittelfristig im Elite-Kader zu spielen? Psychologen und Soziologen würden dann noch ergänzen, dass sich der gleiche Spieler, wenn er als Schlechtester hochmotiviert unter den Besten trainiert, schneller verbessert, als wenn er als Bester ausschließlich unter Mittelmäßigen kickt.

Über den Begriff **Human Resources** wurde schon viel diskutiert: Können Menschen überhaupt Ressourcen sein, wie Kapital oder Öl? Die Diskussion ist müßig. Ich bin der Meinung, dass Menschen als Mitarbeiter sehr wohl eine Ressource, meinetwegen sogar ein Produktionsfaktor sind und zwar ein »Faktor«, der meinen tiefsten Respekt verdient. Und dies unabhängig von der Hierarchieebene. Mein Menschen- bzw. Mitarbeiterbild (den Begriff Arbeit-Nehmer halte ich in der heutigen Wirtschaft für überholt und sinnwidrig!) differenziert nicht zwischen einem Müllmann und einem Vorstandsvorsitzenden, wohl wissend, dass beide meist unterschiedlich ausgebildet sind, unterschiedlich viel Verantwortung tragen und unterschiedlich viel verdienen. Beide haben jedoch einen gemeinsamen Nenner: Auf der Basis ihrer Ausbildung, ihrer Erfahrung, ihres Intellekts, ihres Wissens (Wissen ist übrigens kein akademischer Parameter!) und ihres Stellenprofils können sie ihre jeweilige Aufgabe bestmöglichst erfüllen und damit ihren Kunden dienen. Ich habe tiefen Respekt vor Menschen, die ihren Job engagiert, vielleicht sogar leidenschaftlich und professionell machen, stolz auf das sind, was sie tun und an den Sinn ihrer Tätigkeit glauben. Egal ob dies ein LKW-Fahrer ist, der seine Fracht durch Europa transportiert, der Schichtarbeiter, der buchstäblich Tag und Nacht arbeitet, um sich und seiner Familie einen bescheidenen Wohlstand zu erwirtschaften, der Landwirt, der von früh (zu diesen Zeiten liegen die meisten Berater noch im Bett!) bis spät seinen elterlichen Betrieb mit viel Liebe und Einsatz bewirtschaftet, die Assistentin, die ihrem Manager den Rücken freischaufelt, der Produktmanager, der sorgfältig und strategisch für sein Produkt arbeitet und sich mit ihm identifiziert, der Produktionsleiter, der Qualitätsverantwortliche oder der Vorstand, der mit viel Sachverstand sein Unternehmen ausrichtet und die Mitarbeiter wertschätzend zu Höchstleistungen anspornt.

Im Gegensatz dazu schätze ich alle Mitarbeiter, die nicht ihren jeweils möglichen Beitrag zum Funktionieren ihres Umfeldes bringen (wollen) oder dies gar auf Kosten ihrer Kollegen, ihres Unternehmens, ihrer Mitarbeiter, ihres Teams oder gar des Staates tun, gering. Diese sollten, unabhängig von Job und Status, bekämpft und eliminiert werden, egal ob es ein Montagemitarbeiter ist, der grob fahrlässig Produktionsfehler begeht oder die egoistische Führungskraft, die einsatzbereiten und anständigen Mitarbeitern unnötigerweise ihren Job verleidet.

no. 2

Ein integrierter, prozessorientierter HR-Ansatz

**Executive Search
& Selection**

Executive Search & Selection // Ein integrierter, prozessorientierter HR-Ansatz

Executive Search hat etwas Mystisches und wird häufig als intransparente Dienstleistung betrieben. Gleiches gilt auch für so manches wohlklingende Produkt der HR-Diagnostik. Das halte ich für falsch.

Auch halte ich es für falsch, **Executive Search** und **HR-Diagnostik** zu sehr zu trennen. Gerade bei größeren Personalberatungen, die gerne »HR-Produkte« generieren und vermarkten, werden diese oft sogar über separate Business Units angeboten. Das wird meiner Ansicht nach weder einer **integrierten, ganzheitlichen** Beurteilung von Kandidaten gerecht noch ist es (für die Kunden) betriebswirtschaftlich sinnvoll. Für mich gehören die Prozesse Executive Search und Selection, d.h. die eigentliche Suche und die Bewertungen von Kandidaten, zusammen. Ein ganzheitlich orientierter Peronalberater beherrscht das komplette Spektrum von **Executive Search & Selection.**

Darüber hinaus betrachte ich die Suche und Bewertung von Fach- und Führungskräften weniger produktorientiert als vielmehr **prozessorientiert** und verstehe unter **Executive Search** den **Zugang** zu Kandidaten (unabhängig davon, ob sie extern oder intern, per Direct Search oder anzeigengestützt erfolgt) und unter **Selection** die **systematische Bewertung** der dabei generierten Kandidaten. Nach dieser Definition sind Kandidateninterviews oder Komponenten von Management Audits (Tests, Simulationen, Case Studies etc.) **Selection-Tools,** die beliebig erweitert und verfeinert werden können. Die Auswahl der Tools ist keine Frage des Produktes oder des Such-Anlasses (z.B. externe Rekrutierung oder Bewertung eines Stelleninhabers), sondern des gewünschten Tiefgangs!

Ein **integrierter, prozessorientierter Executive Search & Selection – Ansatz** unterscheidet folgende Kernprozesse mit ihren jeweiligen Teilprozessen:

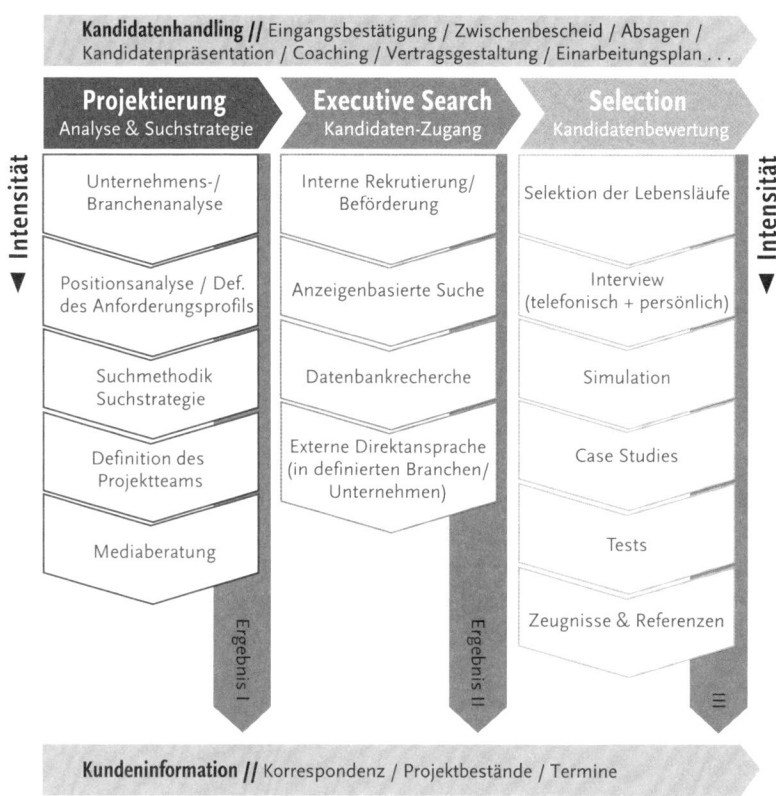

Abb. 1 // Executive Search & Selection: Ein integrierter, prozessorientierter HR-Ansatz

1. **Die Projektierung:**
- Unternehmens- und Branchenanalyse
- Positionsanalyse und Definition des Anforderungsprofils
- Definition der Suchmethodik und -strategie
- Definition des Projektteams (Berater, Research, Backoffice etc.)
- Mediaberatung
  Ergebnis I: Kenntnis des Umfelds, Festlegung von Aufgaben, Anforderungen, Suchmethodik. Die Informationen werden für die Kandidaten in Form einer Präsentation aufbereitet.

2. **Der Executive Search: Der Zugang zu Kandidaten**
- **Interne** Rekrutierung und **Beförderung** (Empfehlung, Stellenaushang, Karriereziele von Kandidaten)
- Gestalten, Texten und Schalten von **Anzeigen** auf der Basis des Anforderungsprofils. Diese werden als Print-Version in regionalen/überregionalen Tageszeitungen bzw. in Fachmedien oder im Internet geschaltet.
- **Direktansprache** von identifizierten und interessanten Kandidaten aus Datenbanken, (Internet-) Netzwerken und definierten Branchen und Unternehmen
  Ergebnis II: Ein Pool interessanter Kandidaten.

3. **Die Selection:**
- Vorauswahl der Bewerbungsunterlagen (Werdegang, Zeugnisse etc.) bzw. Profile direkt angesprochener Kandidaten
- Interviews (telefonisch, persönlich, neutral mit Berater, im Unternehmen) sowie Information und Motivation der Kandidaten
- Case Studies und Simulationen
- Testverfahren (Verhalten, Intelligenz, Graphologie etc.)
- Zeugnisse & Referenzen
  Ergebnis III: Die Selektion von geeigneten und nicht geeigneten Kandidaten.

4. **Das Kandidaten-Handling:**
- Korrespondenz
- Beratung der Kandidaten (zum Verfahren, zur Vergütung etc.)
- Vorstellung der Kandidaten beim Mandanten und Moderation der Gespräche und des Rekrutierungsprozesses
- Vertragsgestaltung (und gegebenenfalls Erstellen eines Einarbeitungsplans)
- Betreuung des Kandidaten in der Einarbeitungszeit
  Ergebnis: Die **Information** der Kandidaten über Projektstände, Kunden-Einschätzungen, Absagen etc. Der Berater ist nicht nur im

Dienste seines Mandanten aktiv, sondern fungiert auch als Ansprechpartner und Coach seiner Kandidaten.

5. **Die Kunden-Information:**
- Korrespondenz
- Erstellen von Kandidaten-Profilen
- Information über den Projektstand
- Terminplanung

Durch einen integrierten, prozessorientierten Executive Search & Selection-Ansatz wird ein Großteil der »HR-Produktpalette« obsolet und eine unwirtschaftliche und manchmal auch teure Arbeitsteilung vermieden. Er fordert jedoch breiter qualifizierte HR-Manager und Personalberater, die als Generalisten den kompletten Prozess abbilden können. Diese **suchen, selektieren** und **präsentieren** ihren Kunden auf die **jeweils** definierte Position, die spezielle Situation des Unternehmens und dessen Umfeld passende Kandidaten: Der eine Kandidat ist für eine Firmensanierung bestens geeignet und erkennt in ihr eine hochinteressante Herausforderung, der andere passt perfekt auf die vertriebliche Expansion eines erfolgreichen Markenartiklers und betrachtet dies als pure Faszination – umgekehrt jedoch versagen beide!

Special: Die Suche von Beiräten und Aufsichtsräten
Checks & Balances

Eine besondere Art von Executive Search & Selection ist die Suche und Auswahl von Beiräten und Aufsichtsräten. Diese haben in großen Unternehmen, besonders in **Aktiengesellschaften**, vorwiegend eine Kontrollfunktion, während sie in **mittelständischen** Unternehmen eher eine beratende Funktion einnehmen. Besonders in Familienunternehmen, die patriarchalisch von einem Geschäftsführenden Gesellschafter geführt werden, kann ein Beirat wertvoller, kompetenter Ansprechpartner und sensibler Coach des Inhabers sein.

Die Besetzung von Beiräten und Aufsichtsräten im Mittelstand – ca. 40% dieser Unternehmen haben ein solches Organ – wird häufig weder strukturiert noch professionell durchgeführt und konstituiert sich deshalb aus der klassischen »old-boys-Triade« Banker – Wirtschaftsprüfer – Anwalt. Diese drei Funktionen kompensieren oft die fachlichen Defizite des Inhabers: Finanzen – Steuern – Recht. Aber gerade in turbulenten Zeiten, egal ob extern am Markt oder intern im Zuge eines Generationswechsels, benötigt ein Unternehmer nicht nur fachliche Unterstützung in diesen Bereichen (die kann er auch zukaufen), sondern gerade auch Managementkompetenz aus der Industrie, der Beratung oder von exponierten Institutionen für sein klassisches Terrain: Strategie, Innovation, Markt, Expansion, Großinvestitionen etc.

Die Einrichtung eines Beirats/Aufsichtsrats hat folgende Vorteile:
- Nutzung von externem Wissen und Erfahrungen
- Vertretung der (Kapital-) Interessen aller Gesellschafter
- Strategieberatung
- Coaching der Geschäftsführer und Gesellschafter
- Unabhängigkeit und Neutralität
- Kontrolle des Managements
- Nutzung von Netzwerken (in der Branche, in neuen Märkten etc.)
- Vermittlung zwischen den Generationen
- Verbesserung der Außenwirkung
- Not-Geschäftsführung

Gefragt sind für solche Aufgaben gestandene, unabhängige, hochkompetente, integrative **Persönlichkeiten** mit unternehmerischer Erfahrung, aber auch freien Zeitressourcen.

Die Suche nach diesen Managern erfolgt im Prinzip analog dem **Executive Search & Selection-Ansatz:** In der Projektierung analysiert der Berater fundiert die Situation des Unternehmens mit sehr starkem Fokus auf die strategische Positionierung und Ausrichtung der Firma und legt anschließend die Suchstrategie fest. Die Prozesse Executive Search und Selection finden auch hier sehr strukturiert, wenn auch etwas reduziert statt, da dem Personalberater und seinem Mandanten tendenziell der Kreis der »Wunschkandidaten« bekannt ist, wodurch massive Recherche-Arbeiten wegfallen und Kandidaten weniger hart selektiert als vielmehr motiviert werden müssen. Das Kandidaten-Handling (Termine, Referenzen aus anderen Beirats-Mandaten, Vergütung etc.) muss noch filigraner erfolgen als bei klassischen Executive-Search-Projekten. Da ein professioneller und erfahrener Personalberater sowohl auf seine Top-Kandidaten (z.B. aus Suchprojekten für Geschäftsführungs- oder Vorstandspositionen) als auch auf seine Mandanten und deren Netzwerke zugreifen kann, ist er ein idealer Partner und Moderator für diese speziellen Suchaufträge.

no. 3

Kämpfer zwischen den Fronten

Der Berater

Der Berater // Kämpfer zwischen den Fronten

Die wichtigste Aufgabe eines Beraters ist es, seinen Auftraggeber erfolgreicher zu machen.

Ein guter Personalberater ist Sparringspartner und Coach, Handwerker und Visionär, lieb und teuer. In Deutschland arbeiten schätzungsweise 5000 Personalberater. Da man für diesen Beruf nicht ausgebildet werden kann und der Titel »Personalberater« nicht geschützt ist, darf sich jeder so nennen, neben Scharlatanen und Schwarzen Schafen auch Mitarbeiter von Zeitarbeitsvermittlern, Personalanzeigen-Agenturen oder gar Mitarbeiter von Arbeitsämtern.

Für mich ist ein Personalberater ein Dienstleister, der **im Auftrag** seines Mandanten **professionell** (per Direktansprache und/oder Anzeige) Fach- und Führungskräfte rekrutiert.

Wenn alle Personalberater einen top job machen würden, ginge es den Unternehmen signifikant besser – und vielen Führungskräften deutlich schlechter: Unternehmen dulden eine Unmenge unfähiger Manager und eine ebensogroße Menge mangelhafter Berater. Manchmal entsteht das eine sogar aus dem anderen!

Noch vor zehn Jahren war die Spezies der Personalberater überschaubarer und homogener: sportliche, graumelierte Herren gesetzteren Alters mit goldgefassten Brillen traten bei ihren Mandanten auf wie Götter in Schwarz. Mittlerweile akzeptieren Auftraggeber auch, wenn ein jüngerer Kollege als präziser Handwerker mit persönlichem Format auf Augenhöhe mit ihnen über Profile und Suchstrategien spricht. **Seniorität** ist keine Frage des Alters!

Dem Auftraggeber erspart es viel Zeit, Geld und Ärger, wenn er schnell abgehalfterte Mittelmanager, arrogante Jungmanager, Profilierungsneurotiker und satte graue Eminenzen erkennt. Er sollte auch bedenken, dass sein Personalberater im kompletten Projektverlauf erster Repräsentant und Marketier[7] seines Unternehmens ist und nicht nur ein anonymer, outgesourcter Personalbeschaffer. Durch seine (Vor-) Selektion und (Nicht-) Empfehlung von (nicht) geeigneten Kandidaten beeinflusst er die Geschicke seines Mandanten (und übrigens auch die der Kandidaten) positiv wie negativ hochsignifikant. Er hat häufig die Rolle eines **Advocatus Diaboli,** die übrigens nicht immer mit seinen betriebswirtschaftlichen Interessen einhergeht.

Gerade wenn die »Hidden Champions« des Mittelstandes (bei Top-Markenartiklern ist es vielleicht etwas anders) die Suche nach sehr guten Fach- und Führungskräften in Auftrag geben, ist es wichtig, nicht nur einen sehr qualifizierten, sondern auch einen **begeisterungsfähigen** Berater (Haben Sie wirklich das Gefühl, dass Ihr Berater für Ihr Produkt und Unternehmen begeisterungsfähig ist und sich damit überdurchschnittlich identifiziert?) zu engagieren, weil der Kandidat bis zu seiner Präsentation im Unternehmen kein anderes »Gesicht« der Firma kennt als den Berater. Und welcher Top-Kandidat lässt sich von einem langweiligen,

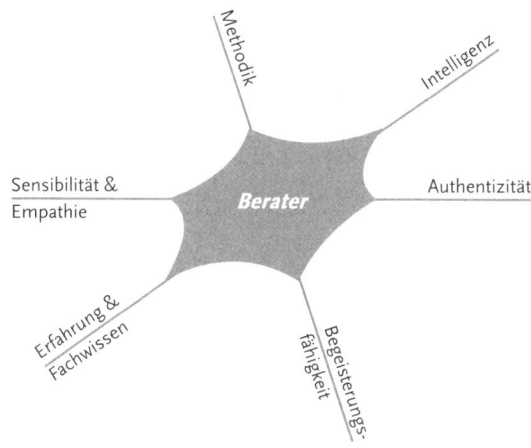

Abb. 2 // Das Qualifikationsprofil eines Personalberaters

7 // Vor allem aus Kandidatensicht hat der Berater auch eine »Pufferfunktion«. Dies ist besonders dann interessant, wenn man sich aus Wettbewerbsgründen oder Kunden-Lieferanten-Beziehungen nicht bewerben würde. Außerdem kann der Kandidat in einem Vorgespräch mit dem Berater auch über Dinge sprechen, die er in einem ersten Gespräch mit seinem potenziellen Arbeitgeber nicht ansprechen würde.

emotionslosen Berater für eine ihm noch unbekannte Firma motivieren und schenkt ihm auch noch das Vertrauen, mit ihm über einen möglichen Unternehmenswechsel zu sprechen?

Executive Search ist Methodik, Engagement, Empathie und Intuition – nicht mehr, aber auch nicht weniger. Der professionelle Berater ist ein präziser Handwerker, der folgende Grundfähigkeiten beherrscht: zuhören, fragen, antworten, begleiten.

Ein Personalberater ist ein Kreativer und ein Visionär. Er ist ein Profi, der einfühlsam, schnell, sensibel, diskret, problembewusst und abstrahierend seinen Kunden mit neuen Führungskräften und Spezialisten erfolgreicher macht. Er sollte sein wie ein guter Freund oder wie ein guter Anwalt. Bei beiden merkt man erst, ob die Partnerschaft tragfähig ist, wenn es kritisch wird. Gründlich, objektiv, ehrlich, realistisch, glaubwürdig, mutig, berechenbar, offen, detailorientiert und verantwortlich: für die Empfehlung des besten Kandidaten und die Nicht-Empfehlung des nicht besten Kandidaten – auch wenn der Druck [8] von Seiten des Auftraggebers groß und weit und breit kein Top-Kandidat in Sicht ist.

Ein guter Berater hat Charakter und ist authentisch. Das erkennt man am besten daran, dass er auch die Vorstellungen seines Auftraggebers in Frage stellt, widerspricht, auf Schwachstellen (auch in seinem Projekt: Projektdauer, Attraktivität der Position [9] für Kandidaten, Arbeitsmarktpotenzial etc.) hinweist und im Extremfall auch ein »Himmelfahrtskommando« ablehnt.

Ob man sich als Kunde oder Kandidat einer großen, internationalen, renommierten Beratung anvertraut oder einer kleinen »Boutique«, ist letztendlich sekundär. Der Berater und sein engstes Team sind das Maß der Dinge, nicht Türschilder und Ammenmärchen. Die Individua-

---

8 // Es ist manchmal paradox, wenn ein Mandant die Suche nach einem Top-Kandidaten beauftragt, aber durch Druck auf seinen Berater zur Präsentation von »Kompromiss-Kandidaten« zwingt.

9 // Der Berater erarbeitet mit seinem Kunden (der übrigens diese Frage nicht immer gerne hört) die Attraktivitätsmomente der Position (Produkte, Technologie, Innovation, Marken, Marktpositionierung, Unternehmen, Internationalität, Professionalität, Perspektive etc.) und die Zielgruppen, für die diese Position attraktiv ist.

lität und Persönlichkeit des Beraters, seine MARKE und seine Arbeitsweise sollen begeistern, nicht sein Briefkopf. Die Arbeit mit einem Berater braucht beiderseitiges Vertrauen, denn der Berater wird zunächst dafür bezahlt, Manager professionell **zu suchen**, nicht primär dafür, **sie einzustellen**.[10] Er braucht Zeit und Geld, wobei sein Kunde zweiteres oft eher hat als ersteres. So arbeitet der Berater oft am latenten Vorwurf, für seine – dem Kunden nicht immer transparente – Leistung zuviel Geld zu bekommen oder im Projektverlauf gar den Spaß an der Sache zu verlieren: Auch in der Beratung gibt es eben keine heile Welt mehr!

Normale Projektlaufzeiten sind – in Abhängigkeit vom Profil und potenziellem Kandidaten-Pool – zwischen zwei und sechs Monaten. Ein guter Berater, der die »harten« und vor allem die »weichen« Faktoren des Anforderungsprofils verstanden und verinnerlicht hat, präsentiert eher keinen einzigen Kandidaten als einen nicht geeigneten!

Für die erfolgreiche Suche nach Führungskräften und Spezialisten ist es für den Berater (und seinen Mandanten) wichtig, den **richtigen Ansprechpartner** und **Entscheider** am Tisch zu haben, mit dem er auf Augenhöhe auch kritische Dinge (von der organisatorischen Einbindung des Kandidaten bis zu Schwächen des Vorgesetzten) besprechen kann. Es ist selbst für den besten Personalberater nahezu unmöglich, erfolgreich zu sein, wenn der Unternehmer, Vorstand oder Geschäftsführer z.B. auf der Suche nach einem sehr guten Vertriebschef ist, der jedoch von einem braven, mittelmäßigen Spartenleiter geführt werden soll. Bewusst oder unbewusst möchte der Unternehmer (oder der Aufsichtsrat) manchmal mit einem sehr guten, potenzialträchtigen Kandidaten die Schwächen des unmittelbaren Vorgesetzten kaschieren und diesen eventuell sogar als dessen möglichen Nachfolger installieren.

Der Quadratur des Kreises kommt es nahe, vom Top-Manager zu hören: »Führen Sie die Vorgespräche zunächst mal mit unserem Sparten- und Personalleiter, ich kümmere mich dann um die Endkandidaten«.

---

10 // Das ist selbstverständlich das Ziel aller Beteiligten. Aber auch ein Anwalt wird primär dafür bezahlt, für seinen Mandanten zu kämpfen und nicht ausschließlich dafür, den Prozess zu gewinnen.

Die »Goldene Regel« dazu heißt: Der unmittelbare Vorgesetzte muss mit an den Tisch und wenn auch dessen Vorgesetzter (selbst wenn es der Aufsichtsrat ist!) Interesse an der Besetzung dieser Position hat und mitredet, muss auch dieser (bereits im Vorfeld) mit an den Tisch, sowohl bei der Definition des Anforderungsprofils als auch bei der Besetzung. Allein gelassen mit einem zweitklassigen Vorgesetzten kann der Berater keinen erstklassigen Mitarbeiter finden. Ein mittelmäßiger Vorgesetzter tendiert zu mittelmäßigen Kandidaten und findet alle möglichen und subtilen Gründe, Top-Kandidaten abzulehnen bzw. ist nicht in der Lage, diese zu motivieren. Dessen Vorgesetzter sieht dann letztendlich nur mittelmäßige Kandidaten, die er selbstverständlich ablehnt.

Die Professionalisierung von Human Resources ist **Chefsache!** Dieser Prozess verläuft in der Regel von oben nach unten **(top-down)**, selten umgekehrt. Gleiches gilt für die **Spirale der Inkompetenz.** Nur ein professioneller Vorgesetzter hat das Standing, Top-Spieler einzustellen und sieht dies als eine seiner wichtigsten Pflichten an. Selbst auf die Gefahr hin, dass der neu Eingestellte bald mit einem Auge auf seine Position schielen könnte. Das ist kein Problem, denn mit sehr guten Managern entwickelt sich in der Regel auch das Unternehmen überdurchschnittlich gut, wodurch für alle Potenzialträger permanent neue Aufgaben entstehen.

3.1 Die Fachkenntnis
Know-how – Erfahrung – Methodik

Ein erfolgreicher Personalberater braucht neben einer strukturierten Arbeitsweise noch zwei Dinge, um erfolgreich zu sein: **Fachkenntnis** und **Menschenkenntnis.** Erstes kann man lernen, zweites auch.

Die Fachkenntnis, die ein Berater über viele Rekrutierungsprojekte oder gar praktische Erfahrungen in der Industrie erworben hat, hilft ihm, sich sofort auf Augenhöhe mit seinem Auftraggeber – und später mit seinen Kandidaten – zu schwingen. Hat er sie nicht in der Tiefe – auch Berater tanzen nicht auf allen Hochzeiten gleich gut – muss er entsprechende Fragen stellen und sich so in die Branche bzw. Funktion einarbeiten. Sein potenzieller Auftraggeber merkt in einem solchen Erstgespräch sehr schnell, ob sich sein Gegenüber vom Rest der Zunft signifikant abhebt. Nicht die Suchstrategie »Wir können Ihnen attraktive Anzeigen texten und übrigens Kandidaten auch direkt ansprechen« beeindruckt den Kunden, sondern das Gespräch über seine Problemstellung. Deshalb gilt: Erarbeite mit dem Berater ein Profil und Du weißt, ob er gut ist!

Bei der Auswahl geeigneter Berater polarisiert sich die Kundschaft manchmal: Die einen arbeiten gerne mit **Spezialisten**, die anderen lieber mit **Generalisten**. Die Spezialisten für bestimmte Branchen oder Funktionen sind qualifiziert, aber einseitig, haben ein gutes, aber eng begrenztes Netzwerk und kennen deren »Spielregeln«. Die Generalisten zeichnen sich dadurch aus, dass sie die Methodik der Suche sehr gut beherrschen und branchenübergreifend auf Kandidaten zugreifen, sich jedoch auch mal neu in ein Branchenumfeld einarbeiten müssen. Wenn man nicht gerade Investmentbanker, Underwriter oder Patentanwälte sucht, arbeiten sie das Gros der Aufträge handwerklich präzise ab und rekrutieren – basierend auf ihrer Erfahrung und Methodik – souverän den Sanierungsvorstand im Maschinenbau, den Vertriebsleiter Automotive, den DRA-Manager in der Pharmabranche, den Vorstand »Markt« einer Bank, den Werkleiter eines chemischen Vollkonti-Betriebs oder den Leiter Produktmanagement für wireless communication.

3.2 Die Menschenkenntnis
Eine Gratwanderung zwischen Kopf und Bauch

Die »P-Berufe« – Pädagogen, Psychologen, Pfarrer und Personalberater nehmen gerne für sich in Anspruch, die Kunst der Menschenkenntnis zu beherrschen. Für letztere Spezies kommt erschwerend hinzu, dass sie in der Lage sein muss, mindestens zwei Charaktere präzise beurteilen zu können: ihren Auftraggeber und ihren Kandidaten. Beide kann sich der Berater nicht schnitzen. Subtil muss er zunächst in einem kurzen Erstgespräch, das vor allem zur Klärung von Sachfragen anberaumt wurde, seinen Kunden einschätzen: Persönlichkeit, Fachprofil, Taktzahl, Kernkompetenz, Führungsstärke und Führungsverhalten sowie dessen aktuelle Situation und Problemstellung. Sitzt er fest im Sattel, ist er ein Profi, möchte er fehlendes Know-how einkaufen, sucht er einen Komplementär oder einen Untergebenen? Kann der Kandidat ein potenzieller Nachfolger sein, hat er Charakter, duldet er Kritik, ist er mit seiner Meinung allein im Unternehmen, ist er autokratisch usw.?

All das prüft der Berater in einem oft nur einstündigen Gespräch. Vieles muss er sich dabei zwischen den Zeilen erarbeiten, indem er sehr aufmerksam zuhört, gezielt Fragen stellt und sehr gut beobachtet (z.B. im Briefing-Gespräch, beim Firmenrundgang, beim gemeinsamen Mittagessen etc.). Daraus entsteht sein Kundenbild (Unternehmer, Vorgesetzter etc.), das ebenso vielfältig ist wie die Varianz der Kandidaten: einsamer Aristokrat oder verehrte gute Seele, unter Veränderungsdruck stehender Nachfolger, weicher Teamplayer in einem angenehmen Marktumfeld, kosmopolitischer Individualist und Machtmensch, oberflächlicher Viel- und Hobbyflieger, international anerkannte Koryphäe und Arbeitstier, detailorientierter Chaot oder Innovator. Dieses Bild muss stimmen. Denn bei der Präsentation eines Kandidaten muss nicht nur dessen fachliches Profil, sondern besonders auch die »chemische«, sprich persönliche, Passung zwischen ihm und seinem Vorgesetzten stimmen. Wenn der Kunde sagt: »Der Kandidat versteht und beherrscht sein Geschäft«, hat der Berater nur die einfachere Hälfte seines Jobs erbracht. Sagt der Kunde dagegen: »Der oder die passt zu uns«, ist er am Ziel. Viele Firmen machen den fatalen Fehler, ihre Manager (nur) nach deren Fachprofil einzustellen. Oft trennen sie sich von diesen jedoch bald wieder wegen ihrer Persönlichkeit. Die Bewertung von Persönlichkeit ist jedoch kein Absolutum, sondern relativ zum Bezugssystem. Ein Kandidat, der in das eine Unternehmen perfekt passt, fällt bei einem anderen Unternehmen beim ersten Vorstellungstermin sang- und klanglos durch – und mit ihm oft der Berater.

Ähnlich präzise wie der Berater später seine Kandidaten beurteilt, kann und sollte er dies deshalb zunächst auch mit seinem Kunden tun.

Erfahrungen helfen da ungemein. Im zehnten gemeinsamen Projekt kann der Kunde den Berater auch am Telefon beauftragen: »Mein Werkleiter hat gekündigt, Sie wissen schon ...«

3.3 Honorare, Referenzen & Tabus
Guter Rat ist teuer

Guter Rat ist teuer – oder zumindest wertvoll. Die teuerste Besetzung von Fach- und Führungskräften ist die preiswerte Fehlbesetzung! Die Summen einer Fehlbesetzung, die oft einen immensen Scherbenhaufen hinterlässt (Trennungsprozess, erneute Personalsuche, doppelte Einarbeitungszeit etc.) addieren sich schnell zu einem Jahresgehalt.

Die Beauftragung eines Personalberaters ist ein klassischer Invest: Invest in eine gemeinsame Arbeit und Invest einer gehörigen Portion Geld – im Schnitt 25% -35% des definierten Bruttojahreseinkommens des Kandidaten. Dieser ist – vorausgesetzt man hat den richtigen Partner an der Seite – dann ein guter, wenn der Berater durch seine Arbeit seinen Kunden nachhaltig erfolgreicher macht. Das ist das Maß der Dinge!

Der Berater ist kein Zirkuskünstler, der Top-Kandidaten aus dem Hut zaubert. Er übernimmt – von wenigen Ausnahmen abgesehen – einen beinharten Job, der sehr viel Zeit und ein sehr gutes Team im Hintergrund voraussetzt.

Genügt dem potenziellen Auftraggeber sein erster, persönlicher Eindruck in Sachen Professionalität und Performance nicht, erhält er gute Auskünfte über den Berater und seine Arbeit mittels aussagefähiger Referenzen. »Haben Sie gute Kandidaten präsentiert bekommen«, »Hat der Berater die Firma weitergebracht«, »Wie schnell hat er sich in die Materie eingearbeitet«, »Kennt er sich vernünftig in der Branche aus«, »Blieb er trotz Ablehnung vielversprechender Kandidaten oder deren Absage am Ball«, »Hat er neue Ideen eingebracht«, »Wie professionell ist sein Backoffice« usw.

Ein manchmal heikler Punkt in der Zusammenarbeit mit einem Berater – besonders in der Direktansprache – sind **Taburegelungen:** Der

Der Berater // Kämpfer zwischen den Fronten

Berater (und damit alle Kollegen seiner Beratungsfirma) verpflichtet sich, bei seinem Mandanten keine Mitarbeiter für andere Rekrutierungsprojekte anzusprechen. Das ist eigentlich selbstverständlich und ein Zeichen von Professionalität und Ehrlichkeit. Hinterfragt man jedoch die Taburegeln detaillierter, tauchen häufig sehr schnell Ungereimtheiten und unbeantwortete Fragen auf: Wie lange hält eine Taburegel? Ist ein Kunde, für den man vor einem Jahr erfolgreich eine Position besetzt hat, noch tabu? Ab welchem Honorarvolumen ist eine Firma tabu? Ist ein Kunde, bei dem gerade ein Kleinauftrag läuft, für die komplette Beratungsfirma tabu? Welchen Umfang hat die Taburegelung? Sind durch einen Auftrag in einer Vertriebstochter automatisch alle nationalen und internationalen Gesellschaften des Kunden tabu?

Die Tabufrage stellt sich besonders drastisch in engen Branchen und damit für Berater, die als Branchenspezialisten tätig sind. Arbeitet ein Berater beispielsweise ausschließlich in der Telekommunikations- oder Energiebranche, die von drei bis vier wesentlichen Unternehmen beherrscht werden, hat der Headhunter sogar zwei Probleme: Hat er noch keine dieser Firmen auf seiner Kundenliste (d.h. keine vernünftigen Branchen-Referenzen), bekommt er wahrscheinlich auch keinen Auftrag. Arbeit er für alle Unternehmen der Branche, ist er bei Einhaltung der Taburegelung eigentlich nicht mehr arbeitsfähig, da er in keinem Wettbewerbsunternehmen potenzielle Kandidaten ansprechen darf!

Taburegelungen offen und transparent zu kommunizieren, zeichnet einen seriösen Berater bzw. das entsprechende Beratungsunternehmen aus. Im Extremfall muss der Berater sogar einen Suchauftrag ablehnen. Die Tatsache, dass dies in der Personalberatungsbranche nur äußerst selten vorkommt, zeigt, dass die Spielregeln weder kommuniziert noch hinterfragt werden!

no. 4

Das »Wer, Warum, Was, Wen«

**Die Unternehmens-
und Positionsanalyse**

Die Unternehmens- und Positionsanalyse // Das »Wer, Warum, Was, Wen«..........

Die Unternehmen sind die Akteure im War for Talents, die Personalberater ihre Spezialeinheiten: top qualifiziert, flexibel, mobil und teuer im Einsatz.

Für Unternehmen gibt es mehrere Gründe, Personalberater zu engagieren, wobei man ganz grob zwischen zwei Unternehmenstypen unterscheiden kann: Einerseits die sehr bekannten Firmen, häufig größere **Markenartikler** oder zumindest B2C-Unternehmen, die durch ihre Produkte einer breiten Masse potenzieller Mitarbeiter und Manager bekannt sind. Dies können z.B. Automobilisten, Nahrungsmittel- oder Pharmafirmen, Konsumgüterhersteller oder Telekommunikations- und IT-Unternehmen sein. Der andere, größere Teil der Unternehmen sind die **»Hidden Champions«**: Das sind faszinierende B2B-Unternehmen, vielfach als Weltmarktführer in der Nische aktiv, oft sehr technologisch geprägt und in der Regel Zulieferer anderer Unternehmen und dadurch (ohne Wahrnehmung durch den Endkunden) »nur« in der Branche (hier allerdings als Primus) bzw. in der Region (als lokaler Arbeitgeber) bekannt. Besonders diese Unternehmen tun sich schwer im ersten Zugang zu Top-Kandidaten. Erschwerend kommen dann meistens noch zwei weitere Faktoren hinzu: Häufig sind sie nicht im urbanen Großraum, sondern eher im ländlichen Raum zu finden und produzieren bei oberflächlicher Betrachtung oft auch keine Hightech-Produkte. Bei genauerer Betrachtung ändert sich dieses Bild jedoch rasch und grundlegend: Wer einmal gesehen hat, wie eine Präzisionsmaschine in einer High-Speed-Montage Borsten zu einer simplen Handbürste verarbeitet, eine verfahrenstechnische Anlage 360 Tage im Jahr rund um die Uhr ein »banales« Produkt wie SiO_2 in konstanter Qualität herstellt, wie aus einem Blechband hochpräzise Federn und Bauprofile oder aus gesägten Stahlstücken Airbaghülsen geformt werden, wie in zerspanenden Prozessen Common-Rail-Komponenten mit einer Fehlerrate von unter 5 ppm entstehen oder die Konstruktion von auf 1/1000stel mm präzise Zahnräder Mathematik-Professoren an ihre Grenzen bringt, wie eine mittelständische Unternehmensgruppe 50 grundlegende Innovationen pro Jahr »produziert«, wie in 20 Arbeitsschritten ein Motorventil entsteht, wie aus einfachen Komponenten ein Hightech-Magnet oder Elektromotor gefertigt wird, wie man aus vermeintlich einfachen Laborgeräten, Bürostühlen und Objektleuchten hochdotierte Designobjekte schafft, wie man mit hochpräzisen Sensoren gefährliche Prozesse sicher macht, wie man mit medizintechnischen Instrumenten Operationsmethoden revolutioniert, wie man mit Wirkstoffen aus Hamster-Ovarien Leben retten und als innovativer Ladenbauer weltweit die edelsten Shops exponieren kann, erkennt hier als Manager (und als Personalberater) vielfältige Betätigungsfelder.

Kommen Kandidaten über gut vernetzte und/oder renommierte Personalberater mit solchen Firmen in Kontakt, sind sie oft begeistert von deren Technologie, Wachstums- und Innovationsraten, Marktstellung, Freiheitsgraden und Profitabilität. Nimmt man nur einmal den äußersten Südwesten Deutschlands, so sind es z.B. **Automotive-Zulieferer** wie LUK, Mesa Parts, Getrag, Ims:Gear, EBM-Papst, Hugo Kern-Liebers, TRW, Raymond, Schondelmaier, Marquardt, PWO, Allgaier, Dold oder **Maschinenbauer** wie Claas, Trumpf, Arburg, Hermle, Doll, John Deere, Herrenknecht, Breyer, Köpfer, Supfina, Weisser bzw. deren **Zulieferer** Kendrion, SEW, Vega, Busch, Wampfler, Festo, Endress+Hauser, Kübler, Sick, **Medizintechnikfirmen** wie Storz, Berchtold, Aesculap, Atmos, Henke Sass Wolf, **Sanitärausrüster** wie Duravit, Hansgrohe, Geberit, Hansa, KSB, Duscholux oder **Gerätebauer** wie IKA, Testo, Waldmann, Winterhalter, Binder, Metabo, Spectral, KNF, Girsberger, Martin Yale, Zumtobel, Silit, WMF, Hess, Vitra und **andere hochinteressante** Firmen wie Roche, Cabot, Vileda (FHP), Protektor, Schiesser, Holcim, SWU und SWÜ, Ganter Interior, Baden-Auto, Energiedienst, August Faller, TWF, Still, Morath, Phadia, Haas Präzisionstechnik, Preci-Dip, BDT, GravoGraph, Wahl, Lactalis, PM DM, Heinzmann oder Kettenbach und unzählige andere Unternehmen mehr.

Für dieses Klientel zu arbeiten ist für einen Personalberater zwar anstrengend (Bekanntheit des Unternehmens, Mobilität der Kandidaten etc.), jedoch hochinteressant.

Die Gründe für Markenartikler und Hidden Champions, Personalberater zu engagieren sind folgende:
- Einkauf von professioneller Beratungs- und Search-Dienstleistung
- Nutzung größerer Kandidatennetzwerke
- Erhöhung der Bekanntheit und damit besserer Zugang zu Kandidaten (besonders für Hidden Champions)
- Erweiterung der Suchmethodik (Datenbanken, Direct Search etc.)
- Diskretion (z.B. gegenüber Wettbewerbern oder »Noch-Positionsinhabern«)
- Outsourcing: Auftraggeber sieht seine Kernkompetenz nicht im Bereich der Personalsuche
- Neutralität und Objektivität (besonders im Public Sector)

Unabhängig vom Grund und der Motivation seiner Beauftragung sollte der Personalberater zunächst das Unternehmen in der jeweiligen Branche präzise analysieren und das Anforderungsprofil sauber definieren, um einen guten Job in der Personalbeschaffung machen zu können (vgl. auch Kap. 4.4 und 4.5). Das ist einerseits für seine Arbeit (Suchstrategie, Suchmethodik, Searchteam etc.) wichtig, andererseits später auch für die potenziellen Kandidaten. Er bereitet die Informationen (auch die »soft facts«) präzise auf, stimmt sie mit dem Auftraggeber ab und kommuniziert sie in den Interviews strukturiert den potenziellen Stelleninhabern. Bei mittelmäßigen Beratern bleibt diese »Informationsbeschaffung« stärker beim Kandidaten hängen, der das Unternehmen und die offerierte Stelle für sich und seine Karriere bewerten muss. Schwarze Schafe unter den Beratern erkennt man (leider oft sehr spät) daran, dass die reale Situation des Unternehmens/der Position und die kommunizierte nicht übereinstimmen. Diese »Berater« handeln grob fahrlässig gegenüber ihren Auftraggebern und ihren Kandidaten. In diesem Fall, aber auch dann, wenn Unternehmen ohne Personalberater arbeiten, sind die folgenden Kapitel auch für den ein oder anderen Kandidaten interessant, der sich auf der Suche nach einer Führungsposition befindet.

Der Personalberater hat im Vorgespräch für die Analyse der Firma, ihres Unternehmers oder ihrer Manager sehr wenig Zeit (vgl. Kap. 3.2). Dies unterscheidet ihn von seinen Kollegen Unternehmensberater, die erst einmal ein bis zwei Tage »Kick-Off-Workshops« veranstalten, bevor sie mit der eigentlichen Arbeit beginnen. Im extremsten Falle hat der Personalberater für seine Analyse eine knappe Stunde Zeit, im besten Falle zwei bis drei Stunden inklusive Betriebsrundgang. Mehr nie. In dieser Zeit muss er alle »harten« und »weichen« Faktoren des Unternehmens und der zu besetzenden Position verstanden haben – das ist der **re-aktive** Part seiner Aufgabe.

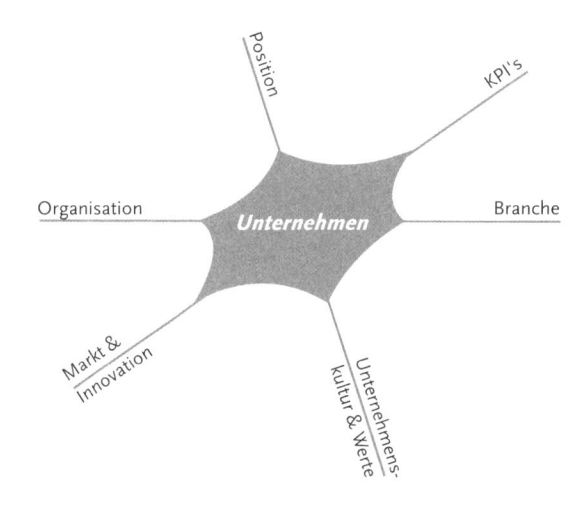

Abb. 3 // Das Unternehmens- und Positionsprofil

Das jedoch reicht in den seltensten Fällen. Denn der Personalberater nimmt – von Ausnahmen abgesehen – nicht nur den Auftrag und eine Stellenbeschreibung in Empfang und macht sich auf die Suche, sondern hinterfragt das Profil und diskutiert Alternativszenarien, wobei er sein Know-how in Sachen Organisation, Branche, Benchmarks, Prozesse etc. einbringt. Für diesen **pro-aktiven** Teil seiner Arbeit nützen ihm seine Erfahrungen aus Suchaufträgen in anderen Unternehmen, Branchen und

Funktionen. Ein Grund mehr, sich für einen generalistischen Berater zu entscheiden.

Den extremsten Fall, den ich erlebt habe, war die Diskussion mit dem Inhaber und Geschäftsführer einer Unternehmensgruppe, der mich beauftragen wollte, einen Assistenten für ihn zu suchen. Nach längerer Diskussion mit ihm wurde klar, dass er selbst zu operativ tätig war und vor dem Hintergrund eines anstehenden enormen Wachstums- und Internationalisierungsprozesses an seine Grenzen stieß und damit ein strukturiertes Wachstum seines Unternehmens begrenzte! Anstelle des Assistenten suchten wir dann einen Geschäftsführer, der viele Jahre sehr erfolgreich das operative Geschäft führte. Dadurch konnte sich der Geschäftsführende Gesellschafter auf seine Kernkompetenz konzentrieren: detailliertes Innovations- und globales Key Account Management.

4.1 Situationsanalyse
Zahlen, Daten, Fakten, Hintergründe

Für den Personalberater sind einige wenige, grundlegende **Hard Facts** für die erste Einschätzung eines Unternehmens und des Umfeldes der zu besetzenden Position notwendig. Diese vertieft er später in dem Bereich, in dem er mit der Suche einer Führungskraft oder eines Spezialisten beauftragt wird und ergänzt sie mit den Informationen über die Branche (vgl. Kap. 4.2) sowie wichtigen unternehmensspezifischen **Soft Facts** (vgl. Kap. 4.3).

Flankierend bewertet der Berater das aktuelle »Spielfeld«: Wie viele Top-Spieler sind schon an Bord? Sucht man den ersten oder sind bereits zehn andere da? Leisten die Kollegen sehr gute Arbeit und reicht deshalb ein Spezialist oder soll der neue Manager die Defizite der anderen kaschieren oder kompensieren und eine neue Ära einläuten? Für den Berater heißt dies: Sucht und motiviert man den Nationalspieler für die Bezirksliga oder sucht man den heimlichen Spielertrainer, der den Kollegen endlich zeigt, wie man auch hochgesteckte Ziele systematisch und professionell erreicht?

Die allgemeinen **betriebswirtschaftlichen Basics** eines Unternehmens sind schnell erfasst: aktuelle Mitarbeiteranzahl, Eigenkapitalquote, Umsatz, EBIT etc. sowie die Entwicklung dieser Parameter in den vergangenen drei bis fünf Jahren und deren Planung für die nächsten Jahre.

Danach erfolgt die Analyse der **Organisationsstruktur:** Linear oder Matrix, klassisch oder prozessorientiert? Dabei ist sowohl die Organisation des Unternehmens beziehungsweise der Unternehmensgruppe an sich interessant als auch die Organisation der einzelnen Funktionsbereiche oder Prozess-Segmente:

- Innovation: Forschung, Entwicklung, Konstruktion, Projektmanagement, Industrial Engineering
- Kunde: Vertrieb (Außendienst, Innendienst, Projektierung, Anwendungstechnik, Produktmanagement, Marketing, inter-/nationale Vertriebsstruktur)
- Finance: Controlling, Buchhaltung, Cash-Management, Treasury, Steuern, Bilanzierung, Konsolidierung
- Personal: Rekrutierung, Personalmarketing, Vergütung, Personalentwicklung, Grundsatzfragen, Administration
- Informationstechnologie: ERP, PPS, BDE, Netzwerke, CRM, CAx, Telekommunikation, EDI
- Logistik: Beschaffungs-, Distributions-, Produktionslogistik, VMI
- Einkauf: Strategischer, Operativer, Technischer Einkauf
- Produktion: Werke, Fertigungsplanung, -steuerung, Fertigung, Montage, Prüfung, Instandhaltung
- Qualität: QM-System, Q-Prüfung, Q-Methodik, Reklamationen, Audits (intern, extern)

Einer vertiefenden Analyse bedarf es bei der Hierarchie- und Organisationsstruktur um die neu zu besetzende Stelle: Wer definiert diese Stelle? Ist es derjenige, der sie nachher auch führt? Wer entscheidet letztendlich über die Einstellung? Welche Funktionen befinden sich auf gleicher Hierarchieebene und mit wem und wie professionell sind sie besetzt?

Bei der Analyse der **Gesellschaftsart** und **Gesellschafterstruktur** kann der Berater schnell das mittelständisch geprägte Familienunternehmen von einem großen Konzern unterscheiden und so die Eigentumsverhältnisse und Entscheidungsstrukturen ersehen. Werden die Eigentümer durch ein Gremium (Aufsichtsrat oder Beirat) vertreten? Gibt es aktive oder stille Gesellschafter, sind es Banken, Investoren oder gar Fonds?

Um den »Puls« einer Firma besser fühlen zu können, muss der Berater näher an das Business (vgl. auch Kap. 4.3). Zum Beispiel über den Grundparameter **Innovation**: Produkt- oder Prozessinnovationen, Produktneuheiten, -modifikationen oder Kundenspezifika, Innovationsrate, -zyklen und -geschwindigkeit, Umsatz/Profit in den vergangenen drei Jahren mit wirklich neuen Produkten.

Eng mit der Innovationstätigkeit eines Unternehmens verbunden ist der Themenkomplex **Markt**: Wie sind die Kundenstruktur, die Vertriebskanäle und die Marktpositionierung? Ist das Unternehmen auf wenige Key Accounts ausgerichtet oder eher auf eine Vielzahl verschiedener Kunden? Sind die Kunden national oder vorwiegend international aufgestellt? Agiert die Firma vor allem in einer Branche oder erstreckt sich das Kundenpotenzial über mehrere Branchen? Werden die Kunden direkt beliefert oder über den Handel, Handelsvertreter, Agenten oder Distributoren? Bekommen diese vorwiegend Standardprodukte oder speziell für sie in aufwendigen Projekten entwickelte Produkte (engineered bzw. customized products)?

Wie ist das Wettbewerbsumfeld und wie positioniert man sich in diesem: Ist es aggressiv, moderat, (inter-)national, ist man Kosten- oder Innovationsführer, ist der Kampf um die Kunden markt- oder eher technologiegeprägt, ist man markttreibend oder marktgetrieben? Wie viele Wettbewerber teilen sich den Markt, wie hand's on oder professionell bewegt man sich auf dem Marktparkett, wo liegen die USP's, wo kann man Kernkompetenzen umreißen? Ist man der permanent angegriffene Marktführer, der sich mit ständiger Innovation knapp vor dem aggressiven Angreifer hält oder ist man die ewige Nummer 4, die sich zunehmend mit asiatischer Billigkonkurrenz konfrontiert sieht? Ist man der biotechnologische Start-up unter Rechtfertigungszwang gegenüber seinen Investoren, ein Top-Markenartikler mit Kundenschwund im heimischen Markt oder ein Tier2-Zulieferer mit Internationalisierungsdefiziten oder etwa der Technologie-Nischenplayer, dem seine Nische für weiteres Wachstum zu eng wird?

Interessante Einblicke in die Firma bieten auch die dort eingesetzten Tools und **Methoden:** Der Einsatz von CRM, CAD, CAQ, FEM, FMEA, KVP, EFQM, TQM, ERP, 8D, 5S, Six Sigma, TPS, Kaizen, Kanban, BSC, CM, ECR etc. liefert dem erfahrenen Berater schnell wichtige Informationen.

Über eine Analyse der aktuellen Unternehmenssituation hinaus ist ein Gespräch über **Strategie** und **Vision** eine wichtige Basis für die erfolgreiche Personalsuche und die spätere Motivation der Kandidaten. Denn Führungskräfte und Spezialisten werden oft nicht auf der Basis von heute, sondern häufig mit Blick auf die Zukunft rekrutiert. Und das in der Regel von Vorgesetzten, die gedanklich mit dem Unternehmen oder ihrem Bereich schon ein oder zwei Schritte weiter sind.

Gibt es überhaupt eine Strategie, ist sie definiert, wer hat daran mitgearbeitet, ist sie kommuniziert und an wen: an das Top-Management, über alle Hierarchien, den Kunden und Lieferanten? Ist sie in den Köpfen der Mitarbeiter angekommen, identifizieren diese sich mit ihr, kennen sie ihren Beitrag dazu, werden sie daran gemessen?

Vor welchem Hintergrund findet die Strategie statt (und mit welchem Veränderungsbedarf): auf der Basis eines Expansionswunsches in neue Märkte, Branchen und Regionen oder eher als Reaktion auf die Internationalisierung der Kunden? Zwecks einer Professionalisierung, Konsolidierung, Restrukturierung oder gar Sanierung? Ist sie eine Abwehrhaltung gegen eine Übernahme oder die Basis für eigene Akquisitionen? **Re-agiert** das Unternehmen mit ihr auf seine Schwächen und hat somit einen Nachholbedarf oder **pro-agiert** es auf der Basis seiner Stärke und baut somit seinen Vorsprung aus? Ist Kontinuität oder Veränderung gewünscht und wer ist ihr Motor?

Welches Wachstum strebt die Firma an und wie soll dies erfolgen? Organisch oder akquisitorisch? Laufen Due Diligence-Prozesse, sind Ausgründungen, strategische Allianzen oder Joint Ventures ein Thema?

4.2 Die Branche
Jede Branche tickt nach einzigartigen Gesetzen

Wird der Personalberater mit der Suche eines Managers beauftragt, hat er häufig schon einige Erfahrungen in der jeweiligen Branche gemacht. Im besten Falle hat er mit seinem Mandanten schon einige Suchaufträge abgewickelt, hat Erfahrungen mit anderen Kunden in der Branche gesammelt oder hat sogar als Manager in der Branche gearbeitet. Dann weiß er nicht nur, wie die Branche funktioniert, sondern kennt auch ihre **Taktzahl:** IT tickt bekanntermaßen anders als FMCG, Maschinenbau anders als Automotive, Modedesign anders als Chemische Verfahrenstechnik, Handel anders als Industrie und Old anders als New Economy.

Hat er noch keine Erfahrungen in dem Umfeld seines (neuen) Mandanten gemacht, sollte für ihn eine professionelle Vorbereitung selbstverständlich sein, bevor er mit seinem potenziellen Auftraggeber ins Gespräch geht. Das gilt übrigens auch für Kandidaten, die nicht durch einen Berater sehr gut vorinformiert wurden. Im Zeitalter anspruchsvoller Internetpräsenzen und informativer Firmen-/Branchendatenbanken ist es auch für einen Branchen-Neuling relativ leicht, sich schnell einen groben Überblick zu verschaffen und sich rasch auf Augenhöhe mit seinem Kunden bzw. potenziellen Vorgesetzten zu bewegen. Eine gute Vorbereitung auf ein Erstgespräch ist ein Zeichen, dass ein Berater seinen Gesprächspartner ernst nimmt – und damit eine Form von Höflichkeit!

Manchmal wird man jedoch mit Branchennischen konfrontiert, in der auch fragen keine Schande ist bzw. vom Kunden auch erwartet wird: Besonderheiten in der Pharma-Supply-Chain oder in der Roll-Umformtechnik, in SAP BI oder in der gastrointestinalen Tumorbehandlung, im Hydroforming, von Brushless-Motors oder Bluetooth-Applikationen.

Wie auch immer muss es das Ergebnis eines Erstgesprächs sein, dass der Berater die Branche und ihre Details möglichst genau kennt. Nicht zuletzt auch deshalb, weil er in der Lage sein muss, mit seinen späteren Kandidaten, oft Brancheninsider, auch über Details zu sprechen. Peinlich wird es für den Berater, wenn er im Gespräch mit Kunde oder Kandidat fragt, ob die Marge in einem Autohaus zweistellig und GVO ein Autotyp ist oder in einem Pharmaunternehmen will wissen, ob DRA ein Wettbewerber und Gastroenterologie die Gemeinschaftsverpflegung ist, meint, in einer diskreten Produktion leiser sprechen zu müssen oder mit Zweischneckenextrusion etwas für Gourmets verbindet und BASEL II für eine Autobahnabfahrt hält. Auch hat TIER I nichts mit Veterinärmedizin und ein Batch in der Chemie nichts mit Störfällen zu tun!

Strukturiert kann der Berater (oder Kandidat) als Vorbereitung zum Gespräch mit seinem Kunden (bzw. potenziellen Vorgesetzten) folgende Punkte erfassen:

1. **In welcher Branchenkategorie bewegt sich das Unternehmen?**
Ist es im Bereich der Investitionsgüterbranche (Maschinen-/Anlagenbau), in der Automobilzulieferindustrie, im Bereich Pharma/Health Care/Life Science, im Asset Management, in der Bau- oder Konsumgüterbranche, im Dienstleistungssektor, im Handel oder im Bereich Energie aktiv?

2. **In welchem Teil-Bereich oder welcher Stufe in der Branchen-Wertschöpfungskette agiert das Unternehmen?**

Beispiel:

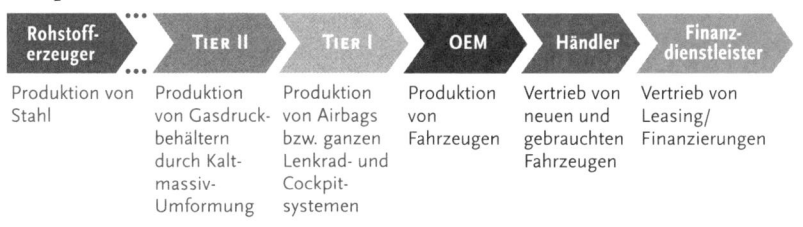

Rohstoff-erzeuger	TIER II	TIER I	OEM	Händler	Finanz-dienstleister
Produktion von Stahl	Produktion von Gasdruck-behältern durch Kalt-massiv-Umformung	Produktion von Airbags bzw. ganzen Lenkrad- und Cockpit-systemen	Produktion von Fahrzeugen	Vertrieb von neuen und gebrauchten Fahrzeugen	Vertrieb von Leasing/Finanzierungen

Abb. 4 // Die Wertschöpfungskette im Automotive-Business

3. **Wie sieht das typische Produkt-/Dienstleistungsspektrum eines Unternehmens in der Branche aus und wie werden diese hergestellt bzw. im Dienstleistungssektor definiert?**
Läuft die Produktion diskret (abzählbare Produkte) und in welchen Serien, produziert die Firma in einer Prozessfertigung (z.B. in der chemischen Industrie) im Batch- oder Vollkonti-Betrieb? Werden die Produkte kundenspezifisch entwickelt und produziert (engineered products) oder sind es Standard- bzw. Katalogprodukte?

4. **Welches sind die logistischen Anforderungen der Branche und ihre Methodik?**
Denkt man hier in Supply Chains? Sind Kanban, JIT, JIS, VMI, EDI, ECR und Konsignations-Läger gängige Praxis?

5. **Wie sind die Vertriebskanäle angelegt und zu welchen Hauptkundengruppen führen sie?**
Dominiert in der Branche B2B oder B2C, werden die Kunden direkt oder über Handelsorganisationen und Distributoren bedient?

6. **Welches sind die wichtigsten aktuellen Innovationen und Trends der Branche? In welchen Bereichen spielen sich die Innovationen ab: Produkte, Services, Logistik, Preisgestaltung? Wer sind die jeweiligen Benchmarks?**

7. **Wer sind die wesentlichen Player der Branche, wer sind die Nischenplayer, wer die Wettbewerber?**
Bei einer kurzen Wettbewerbsanalyse sollte man zwischen den engeren Wettbewerbern (gleiche Produkte und/oder Kunden) und Wettbewerbern im weiteren Sinne unterscheiden. Für einen Gabelstaplerhersteller sind z.B. auch Hersteller stationärer Krane oder installierter Lagersysteme Wettbewerber.

8. **Mit welchen Herausforderungen ist die Branche momentan konfrontiert?**
Sind es Preisverfälle, Verlagerungen, politische Regulierungsmaßnahmen (z.B. in der Energiebranche), sind es kürzer werdende Innovationszyklen, ist es Outsourcing (und damit die Erhöhung der Wertschöpfung bei den Lieferanten!), sind es die Chancen einer regionalen Marktöffnung (z.B. EU-Erweiterung), sind es Fusionswellen oder eher Rohstoffverknappungen?

9. **Wie sind Reifegrad und Professionalisierung der Branche?**
Ist die Branche gesättigt und kann Wachstum nur über Verdrängung und Profitabiliät nur über Prozessoptimierung stattfinden (z.B. im Werkzeugmaschinenbau) oder ist die Branche noch jung und bietet auch neuen Unternehmen gute Chancen (z.B. Biotech oder Solar)?

Special: Der Public Sector
Executive Search im kommunalen Bereich

Eine besondere Herausforderung für den Personalberater – und seinen Auftraggeber – sind Suchprojekte im kommunalen und öffentlichen Bereich. Städte und Gemeinden, Universitäten, Kliniken und viele andere kommunale Einrichtungen sind häufig große und interessante Arbeitgeber, die einerseits einen öffentlichen Auftrag haben, andererseits auch zunehmend wirtschaftlich effizient arbeiten müssen. Das Spektrum dieses Klientels und seiner Führungskräfte reicht von »planwirtschaftlichen« Bürokraten bis hin zu begeisterten und innovativen Unternehmern. Die Formen der wirtschaftlichen Aktivität reichen von der Abteilung im städtischen Rathaus, im Landkreis, Regierungspräsidium oder in einem Ministerium über einen Eigen- oder Regiebetrieb bis hin zur eigenständigen GmbH.

Während die einen Kommunen und öffentlichen Institutionen noch im **Senioritätsprinzip** (vor allem durch den Beamten- bzw. Angestelltentarif) und in der **Kameralistik** (entstanden in der österreichischen

Monarchie im 18. Jahrhundert) verhaftet sind, regelmäßig am »Dezemberfieber« (am Jahresende verfallen nicht verbrauchte Budgets) »erkranken«, ihre braven und loyalen Diener mit gut dotierten Führungspositionen belohnen und in Antragstellern statt in Kunden denken, haben andere seit vielen Jahren die Zeichen der Zeit erkannt. Sie haben Unternehmen ausgegründet, Manager aus der Industrie engagiert, ihre Prozessabläufe und Kundenmehrwerte definiert, Personalentwicklungs- und -bindungsprogramme etabliert, moderne Software-Tools installiert, PPP-Modelle ausprobiert und überlegen, wie sie ihre Profite sinnvoll anlegen bzw. investieren können. Sie können ihre Mitarbeiter permanent über neue Ziele motivieren und treiben sie nicht in Anpassung, Lethargie oder Flucht in die Wirtschaft.

Wenn man den Haushalt von Städten und die Anzahl ihrer Firmen und Beteiligungen betrachtet, so sind einige dieser **»kommunalen Unternehmensgruppen«** unternehmerisch und wirtschaftlich mindestens so interessant wie mancher industrielle Konzern.

Jahr 2007	Stuttgart	Friedrichshafen
Einwohner	591.500	58.500
Verwaltungshaushalt	2000 Mio. €	132,3 Mio. €
Vermögenshaushalt	2500 Mio. €	36,8 Mio. €
Firmen/Beteiligungen	25	28
Stiftungsvolumen	– [11]	48,5 Mio. €

Abb. 5 // Die wirtschaftliche Aktivität von Städten (am Beispiel Stuttgart und Friedrichshafen)

Viele Kommunen nehmen ihre unternehmerische Rolle sehr ernsthaft und sehr erfolgreich wahr und **rekrutieren** und/oder **bewerten** mittlerweile auch ihre Führungskräfte selbst oder mit Hilfe von Personalberatern professionell. Andere stecken in ihren Bemühungen noch in den Kinderschuhen. Hier werden Führungskräfte noch rein anzeigengestützt (aber dafür sehr teuer und in sehr vielen Medien) gesucht, Kandidaten-

---

11 // Stuttgart hat keine selbstständigen Stiftungen. Sonstige Stiftungsaktivitäten werden in den Haushalt integriert.

interviews sehr oberflächlich (zehn Kandidaten in zwei Stunden sind keine Seltenheit!) geführt und Parteipolitik oft vor unternehmerische Interessen gestellt.

Wenn man bedenkt, welcher **wirtschaftliche Schaden** entsteht, wenn man in wenigen Minuten den falschen Finanzdezernenten oder Geschäftsführer der Energietochter kürt, gibt es für eine unprofessionelle Suche von »kommunalen Managern« keine Entschuldigung. Im Übrigen ist das auch vor dem Steuerzahler betriebswirtschaftlich nicht zu rechtfertigen. Die Summen aus den zu erwartenden Fehlentscheidungen – und noch schlimmer – aus **nicht genutzten** Chancen addieren sich im Laufe einer Geschäftsführungsperiode oder eines Beamtenlebens schnell auf einige Millionen Euro!

Bei der Rekrutierung von Fach- und Führungskräften im kommunalen und öffentlichen Umfeld bietet sich für Personalberater ein weites Betätigungsfeld, in dem es gilt, Rekrutierungsprozesse professioneller zu gestalten, persönliche und parteipolitische Netzwerke auszublenden, Kandidaten fundiert zu beurteilen und nicht zuletzt auch interessante Führungspositionen aktiver zu »vermarkten«.

Folgende 8 Punkte sollte man, unabhängig davon, ob man eine exponierte Führungskraft für eine Kommune, für eine ausgegliederte Beteiligung oder für eine eigenständige GmbH sucht berücksichtigen:

1. Installieren Sie einen **Aufsichtsrat,** der nicht nur politisch besetzt ist, sondern auch zwei bis drei Fachleute aus dem jeweiligen Metier einschließt bzw. eine »Findungskommission«, die das Vertrauen des Gemeinde- oder Stadtrates genießt und authorisiert ist, die Besetzung der Führungsposition nicht nur vorzubereiten, sondern auch weitestgehend zu vollziehen. Ist nämlich das komplette Gremium involviert, laufen Rekrutierungsverfahren oft langwierig, parteipolitisch gefärbt, oberflächlich und kompromissorientiert. In gut besetzten Aufsichtsräten bzw. in kompetenten »Findungskommissionen« beschäftigen sich mit der Besetzung der Führungsposition nur Personen, die fachliche Kompetenz oder zumindest ein Höchstmaß an Interesse an der Sache haben.

2. Beauftragen Sie einen Berater, der entweder den kompletten Rekrutierungsprozess durchführt oder zumindest die **Moderation** im Verfahren neutral und objektiv wahrnimmt. Damit vermeiden sie einen Großteil der Defizite aus Punkt 1.
3. Dokumentieren Sie das Anforderungsprofil sowie die Suchstrategie sehr präzise und machen sie beides allen Beteiligten **transparent**. So vermeiden Sie später viele »Grundsatzdiskussionen« in den Gremien.
4. Halten Sie die Suche eher **eng, gezielt und pro-aktiv**, statt aus Gründen einer vermeintlichen Vollständigkeit möglichst breit zu suchen und reaktiv auf Bewerber zu warten. Viele Kommunen schalten (für viel zu viel Geld) zu viele Anzeigen,[12] um sich nicht dem Vorwurf auszusetzen, sie hätten nicht alles versucht. Den Besten aus einem anzeigenbasierten Bewerberpool einzustellen, heißt noch lange nicht, einen geeigneten zu haben! Manchmal ist eine gezielte Anzeige, flankiert von einer fokussierten Direktansprache, viel effizienter. Meistens muss man dann auch keine riesige Kandidatenmenge bewältigen, sondern kann sich auf wenige, gegebenenfalls durch einen Berater vorselektierte, qualitativ hochwertige Kandidaten konzentrieren.
Viele Kommunen könnten von dem Anzeigenbudget eines einzigen (!) Projektes sehr gut einen professionellen Berater engagieren.
5. Integrieren Sie die **internen Bewerber** in das (möglichst neutral moderierte) Rekrutierungsverfahren und legen Sie gleiche Maßstäbe für alle Kandidaten an.
6. Schwören Sie die Beteiligten auf **Diskretion** ein. Nicht vorhandene Diskretion ist in kommunalen und kommunalnahen Rekrutierungsprojekten ein Hauptübel. Sowohl die Bürgermeister (oft als Aufsichtsratsvorsitzende) als auch die Vertreter der Parteien halten es für selbstverständlich, nach oder manchmal sogar vor den Kandidateninterviews ihre Kollegen und Freunde über die Kandidaten zu befragen. In Zeiten, in denen Kandidaten auch im kommunalen Sektor zunehmend direkt angesprochen werden, ist dies eine Katastrophe!

12 // Der »Ausschreibungspflicht« kann man mit einer kleinen Anzeige in der ZfK nachkommen.

7. Vergessen Sie nicht, Kandidaten auch zu **motivieren.** Viele Rekrutierungsverfahren in Kommunen zeigen deutliche inquisitorische Momente. Gute Kandidaten kommen nicht als Bittsteller, sondern wollen über die anstehenden Herausforderungen und Ziele auch motiviert werden.
8. Achten Sie bei der Rekrutierung von Fach- und Führungskräften auf den Faktor **»Kundenorientierung«.** Kommunale Einrichtungen jedweder Art und ihre Führungskräfte sind dazu da, ihren Bürgern, sprich Kunden, das Leben einfacher zu machen!
   In Deutschland behandeln Finanzinstitutionen ihre besten Einzahler am schlechtesten, haben kommunale Touristikabteilungen in der Regel geschlossen, wenn die meisten Kunden da sind und verwalten bzw. verteilen Arbeitsagenturen Millionenbeträge, anstatt ihre Klienten erfolgreich zu vermitteln.

Ich denke, dass gerade in Zeiten klammer Kassen und hoher kommunaler Verschuldung die wirtschaftlichen Leistungsreserven und Potenziale der Mitarbeiter und Führungskräfte gehoben werden sollten – nicht zuletzt auch im Interesse des Bürgers und Steuerzahlers. Sind alte Zöpfe erst einmal abgeschnitten und die richtigen Fach- und Führungskräfte installiert, erreichen die kommunalen Unternehmen oft in kurzer Zeit eine neue Dimension in puncto Professionalität, Wettbewerbsfähigkeit und finanzieller Schlagkraft. Aus dem städtischen Klinikum wird ein privatwirtschaftlicher Gesundheitsbetrieb, aus dem verstaubten Museum ein profitables Kultur- und Eventzentrum, aus dem kameralistischen Finanzdezernat ein professionelles Konzerncontrolling und Beteiligungsmanagement. Plötzlich stehen nicht mehr das Management leerer Kassen und zu viele unmotivierte Mitarbeiter im Mittelpunkt, sondern Themen wie Wachstumsstrategie, Investitionen, Marketing & Vertrieb, Controlling, Outsourcing oder moderne Arten des Finanzmanagements. Unabhängig davon, ob man eine Führungskraft für eine ausgegründete GmbH oder die Fachabteilung einer Kommune sucht, halte ich gegenüber Bürgern und Steuerzahlern jede Art von unprofessioneller Suche für nicht vertretbar.

4.3 Unternehmenskultur & Werte
Nicht der Wind, sondern Segel und Ruder bestimmen den Kurs

Alles, was man zählen kann, zählt nicht notwendigerweise; alles, was zählt, kann man nicht unbedingt zählen (A. EINSTEIN).

Warum ist ein Kandidat, der in einem Unternehmen nachhaltig erfolgreich war, der fachlich gut und persönlich integer ist, nach einem Wechsel in ein anderes Unternehmen plötzlich nicht mehr erfolgreich – im extremen Fall sogar im gleichen Produktumfeld, in ähnlichen Organisationsstrukturen, gleichen Vertriebskanälen oder gar mit denselben Kunden? Weil Unternehmen unterschiedlich ticken!

Sowenig man einen Kandidaten auf sein Fachprofil reduzieren darf, so falsch ist es auch, ein Unternehmen allein auf ein paar Hard Facts wie Umsatz, Marktpositionierung oder Eigentumsverhältnisse zu reduzieren. Für einen Personalberater ist es sehr wichtig, den »Takt« eines Unternehmens zu analysieren und seinen **»Puls zu spüren«,** um die **»Passung«** von Kandidaten zum Unternehmen beurteilen zu können. Dies kann er nicht per Ferndiagnose, nicht aus einer mentalen Distanz und vielleicht auch nicht perfekt beim ersten Projekt mit dem Kunden. Diese Fähigkeit hat etwas mit Auseinandersetzung, Identifikation und Affinität zu tun.

Ich nenne diese »Soft Facts« **Unternehmenskultur** und verstehe darunter die Gesamtheit an Faktoren, die ein Unternehmen zu einem Individuum, zu einer einzigartigen Organisation machen – wohl wissend, dass sich Organisationen und Individuen permanent verändern – und verändern müssen. Mit HERAKLIT könnte man formulieren: »Man kann nie zweimal in den gleichen Fluss steigen«.

In Analogie zur Biologie und Soziologie assoziiere ich mit dem Wort **Kultur** einerseits eine Plattform, auf der etwas gedeihen kann und gepflegt (lat. cultura: Pflege) werden muss sowie andererseits etwas, das mit sozialer Ordnung, Kultiviertheit, Verantwortung, d.h. mit Ethik und Werten zu tun hat.

Mit dem Wort **Wert** assoziiere ich die Begriffe Bedeutung, Wertschätzung, Verinnerlichung und Respekt. Meiner Meinung nach greift

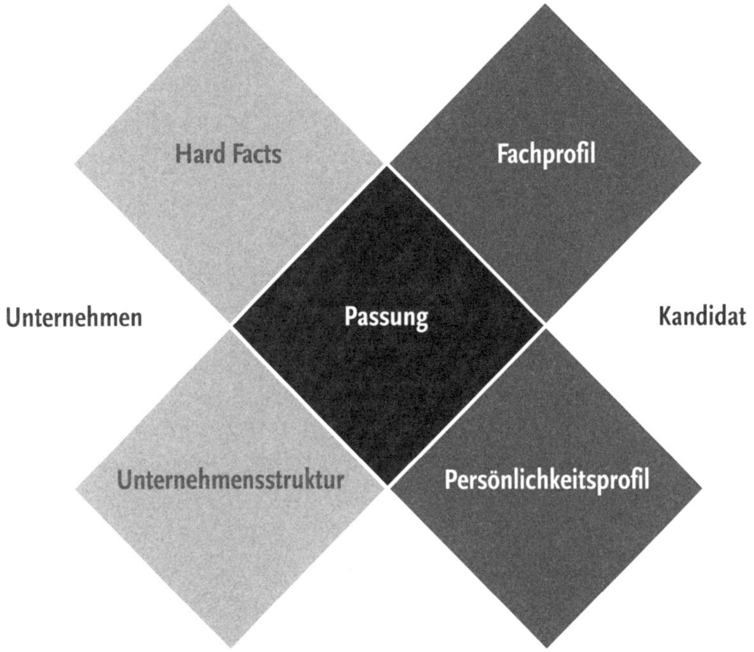

Abb. 6 // Die Passung von Kandidat und Unternehmen

das **Value-based Management** viel zu kurz: Viele Unternehmen und ihre Berater subsummieren darunter lediglich die Summe der Maßnahmen, die den Unternehmenswert für den Kapitalgeber und Shareholder steigern. Ein Unternehmen besteht jedoch aus deutlich mehr Werten als nur dem Finanzwert! Und nirgends wird so viel geheuchelt wie bei den auf jeder Unternehmens-Homepage zu findenden Missions & Visions. In vielen Unternehmen wird trotz hoher Profitabilität viel lieber über **kurzfristige** Cost Savings und **kurzsichtige** Head Count Reductions diskutiert, was übrigens auch durch die Befristung von Geschäftsführer- und Vorstandsverträgen forciert wird.

So wie man die Persönlichkeit eines Menschen nie vollständig und damit auch nie richtig im eigentlichen Sinne erfassen und definieren kann, kann man auch eine Unternehmenskultur kaum fixieren. Dennoch versuche ich eine Annäherung und unterscheide dabei zwei Bereiche: eine HR-Kultur und eine Business-Kultur.

Die HR- oder Personalkultur ist die Summe aus Führungskultur, Teamkultur und Kommunikationskultur: Wie verhalten sich Vorgesetzte und Mitarbeiter über Hierarchien, im Team und wie kommunizieren sie miteinander? Komplementär dazu sehe ich die **Business-Kultur.** Darunter verstehe ich den Umgang mit Geschäftspartnern (Kunden, Lieferanten, Kooperationspartner etc.), die Finanzkultur, die Qualitätskultur sowie die Innovationskultur. Beide Kulturtypologien basieren auf einem bestimmten Menschen- bzw. Mitarbeiterbild, das von Unternehmen zu Unternehmen sehr variieren kann: Ist der Mensch zu allem fähig oder zu nichts zu gebrauchen?

Beeinflusst werden diese kulturellen Faktoren und die dahinter stehenden Werte u.a. von der jeweiligen Branche, Marktpositionierung, der Unternehmensgeschichte und den Eigentumsverhältnissen. Mit diesen eng verbunden ist die Frage, wer die Unternehmenskultur überhaupt prägt: ein Unternehmer, der seine Mitarbeiter kennt und schätzt oder der diktatorische Patriarch, der alle (wichtigen) Dinge selbst entscheidet, der Manager unter Erfolgsdruck oder der Sohn, der sich beweisen muss, die Führungskraft, die seit 30 Jahren in eingefahrenen Mustern arbeitet, der Vice President, dessen Beförderung überfällig ist, der CFO, dem die Banken im Genick sitzen oder der Manager, der am kurzen Arm des Konzerns hängt?

Die Gesamtheit der kulturellen Faktoren beinflusst wiederum Dynamik, Antrieb, Strategie und Individualität eines Unternehmens. Den Rahmen um diese Werte bilden die Vision und das Leitbild eines Unternehmens. Vereinfacht – und ohne Rücksicht auf hunderte spitzfindige Definitionen – verstehe ich unter **Vision** das »Wohin« und unter **Leitbild** das »Wie« eines Unternehmens. Beide Werte sind komplementär und definieren Ziele, Strategien, Regeln, Normen, Kompetenzen, Aufgaben sowie Identität und Individualität eines Unternehmens und seiner Mitarbeiter.

Abstrahiert man von der betriebswirtschaftlichen auf die volkswirtschaftliche Ebene, bildet **Corporate Governance** als Wertegerüst für verantwortungsvolle Unternehmensführung eine weitere Klammer, die jedoch vor dem Hintergrund von Unternehmensskandalen sehr stark auf Kontrollmechanismen bzw. auf die Interessen von Investoren fokussiert.

Im Zentrum des Modells »Unternehmenskultur« steht der Mensch bzw. das Menschenbild und dessen Interaktion mit dem Unternehmen und seinen kulturellen Werten.

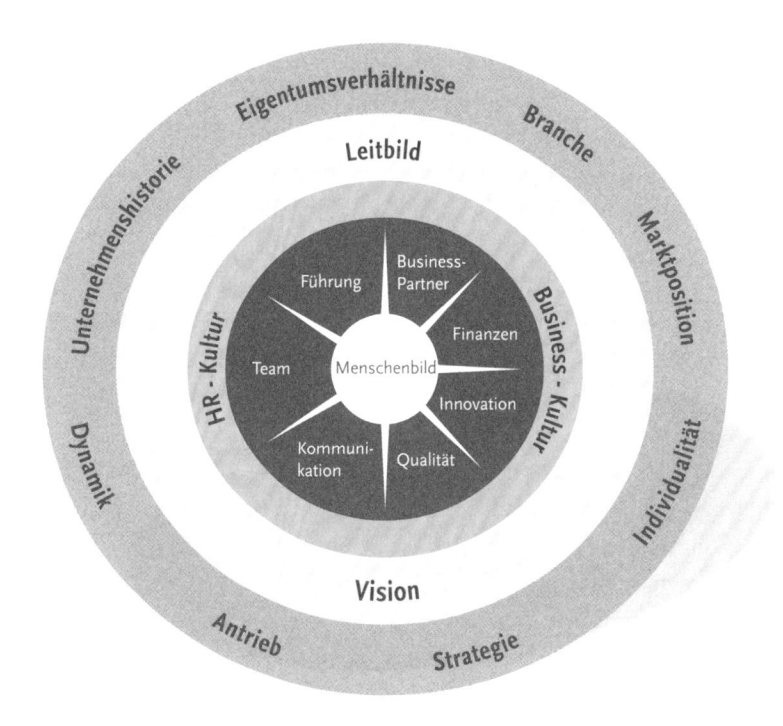

Abb. 7 // Die Unternehmenskultur und ihre Einflussfaktoren

In Analogie zur Bedürfnispyramide von MASLOW (vgl. Abb. 8) kann man eine »**Wertschätzungspyramide**« gegenüber Mitarbeitern definieren: Ist der Mitarbeiter lediglich ein Faktor, den man als Arbeit-Nehmer beschäftigt, sprich als Entgegennehmer von Arbeit, die man ihm definiert (Marx: »Der Mensch hat keine Seele, er ist tätige Materie«) oder ist die Beschäftigung eines Mitarbeiters eine wertvolle und wohldurchdachte Investition, die man nicht nur fordern und im positiven Sinne belasten kann, sondern auch hegen und pflegen möchte? Ermöglicht man einem Mitarbeiter (unabhängig von der Hierarchiestruktur) lediglich einen Broterwerb und eine Grundversorgung für sich und seine Familie oder bietet man ihm als Mensch, der eine eigene, ganz individuelle Lebensplanung und eine ganz eigene und individuelle Art hat, mit seinem Leben umzugehen, eine Plattform, auf der er (neben den Unternehmenszielen) auch seine eigenen beruflichen und privaten Ziele verwirklichen kann?

Bei dieser Betrachtung spielt aber nicht nur die Wahrnehmung und Wertschätzung des Mitarbeiters durch das Unternehmen eine Rolle, sondern quasi als »Aktivitätspyramide« auch die Einstellung des Mitarbeiters zu seinem Unternehmen und seiner Arbeit: Wird das Unternehmen als anonymes Gebilde (und Arbeit-Geber) gesehen, das regelmäßig Gehälter überweist, seine Mitarbeiter weiterentwickelt und ihnen den wohlverdienten Urlaub und möglichst viel Freizeit gewährt oder bietet es einem die Möglichkeit, Erfahrungen, Talente und überdurchschnittlichen Arbeitseinsatz unter Beweis zu stellen und für das Unternehmen und somit auch für sich selbst erfolgreich zu sein? Macht der Mitarbeiter nur einen Job für seinen Chef oder ist sein Beruf eine Art Berufung, der er mit Leidenschaft nachgeht? Übernimmt der Mitarbeiter Verantwortung **(ownership)** und zeigt Eigeninitiative?

In den 1970er Jahren hat der Soziologe R. INGLEHART bereits einen soziologischen Wertewandel beschrieben: Die jüngere Generation, die im Wohlstand aufgewachsen ist, strebt weniger nach materiellen (diese sind häufig vorhanden und bereits selbstverständlich), sondern nach **postmateriellen Werten** wie Freiheitsgrade oder Selbstverwirklichung. In den 1990er Jahren differenziert der Soziologe G. SCHULZE in seinem Buch »Erlebnisgesellschaft« zwischen außenorientierten soziologischen Milieus (sie orientieren sich nach einer vorgegebenen Ordnung und suchen ihren Platz darin) und innenorientierten Milieus, die in ihrer eigenen,

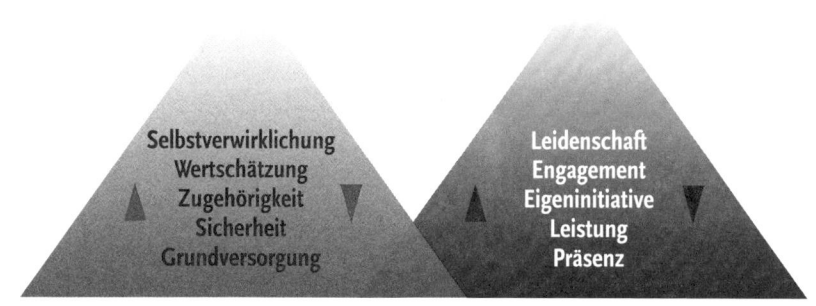

Selbstverwirklichung
Wertschätzung
Zugehörigkeit
Sicherheit
Grundversorgung

Leidenschaft
Engagement
Eigeninitiative
Leistung
Präsenz

Mitarbeiter möchte / Unternehmen bietet   Unternehmen bietet / Mitarbeiter möchte

Abb. 8 // Bedürfnispyramide (nach MASLOW) und Aktivitätspyramide

selbst gewählten Ordnung leben möchten. Für sie ist Spaß wichtiger als Geld, Herausforderung wichtiger als Status und Abwechslung wichtiger als Aufstieg.

Als Berater erlebe ich die unterschiedlichsten Menschenbilder. Auf der einen Seite herrschen Misstrauen, Kontrolle, Dummhalten, subtiles Informationsmanagement, Angst und tägliches Headcount-Controlling, auf der anderen Seite findet man Wertschätzung, Zuneigung, Anerkennung, Transparenz, Freiheitsgrade, Dankbarkeit, soziale Verantwortung und Mitarbeiterbeteiligungssysteme und -förderprogramme. Das eine Menschenbild basiert auf der Annahme, dass ein Mitarbeiter prinzipiell faul ist, motiviert und kontrolliert werden muss (Vertrauen ist gut, Kontrolle ist besser), das andere beruht auf der Annahme, dass Mitarbeiter an sich motiviert sind und nur den richtigen Rahmen brauchen, um sich zu entfalten: Einen guten Jagdhund braucht man nicht auf die Jagd zu tragen oder ihm gar beibringen, was ein Hase ist!

4.3.1 Die HR-Kultur
Menschen im Mittelpunkt

Ein wesentlicher Teil der HR-Kultur ist die **Führungskultur:** Wie werden Mitarbeiter geführt? Eng mit dieser Frage verbunden ist eine weitere:

Welche Mitarbeiter hat die Führungskraft zu Verfügung? Ich betone hiermit besonders, dass Führung nicht nur ein **top-down** Prozess ist, sondern durch die Mitarbeiter auch **bottom-up** geprägt wird: Welche Qualifikation, Leistungsbereitschaft, Erwartungen, Karriereambitionen etc. haben die Mitarbeiter?

Interessante Parameter der Führungskultur sind:
- **Führungsstil/-tiefe:** Auf welche Art und Weise werden die Mitarbeiter geführt und wie tief greift die Führungskraft in die Aufgaben ihrer Mitarbeiter ein?
- **Führungsmethoden und -tools** (siehe Kap. 5.2.3)
- **Führungsdistanz:** Ist die Führungskraft der Primus inter Pares oder fachlich und persönlich auf großer Distanz zu seinen Mitarbeitern?
- **Führungsrolle:** Ist die Führungskraft die beste Fachkraft und damit bottle neck der Unternehmensentwicklung oder Organisator, Coach und Prozessoptimierer? Gibt es eine klare Trennung zwischen operativer und strategischer Verantwortung? Wie viel Zeit nehmen sich die Führungskräfte für Strategien? Sind sie trouble shooter oder Visionäre? Flüchten sie ins Operative, weil sie nicht in der Lage sind, strategisch zu arbeiten bzw. der Unternehmer diese Rolle einnimmt, weil zuwenig oder nicht die richtigen Mitarbeiterkapazitäten zur Verfügung stehen? Oder sind die Vorgesetzten gar zu strategisch und visionär und haben dabei nicht nur wenig Freude an der operativen Arbeit, sondern vergessen auch allzu oft, ihre Mitarbeiter auf ihre strategischen Wege mitzunehmen? Ist Rekrutierung Sache der Personaler oder Aufgabe der Fachbereichsleiter?
- **Führungsdilemma:** Wie geht der Manager mit verschiedenen, teilweise konträren Rollen um? Er möchte alle Mitarbeiter gleich behandeln und doch auf jeden individuell eingehen, er sucht eine gewisse Nähe, braucht aber auch eine gewisse Distanz, vertraut seinen Mitarbeitern, soll sie gleichzeitig aber kontrollieren, möchte Sicherheit vermitteln, muss jedoch Veränderungen anstoßen, soll unter den Mitarbeitern die Konkurrenz beleben und gleichzeitig die Kooperation fördern.

- **Leistungs- und Potenzialanalyse:** Kennt die Führungskraft die Stärken, Schwächen und Potenziale ihrer Mitarbeiter und wie geht sie damit um? Gibt es überhaupt Entwicklungspotenzial in der Mannschaft oder sind alle am Limit: Arbeitspensum, Intellekt, Führungspotenzial? Wie binden Führungskräfte Leistungsträger, haben sie die Problemfälle identifiziert und warum sind diese noch auf ihrer Position bzw. noch im Unternehmen?
- **Fehlerkultur:** Perfektion tötet Inspiration. Wie geht man mit eigenen Fehlern und denen der Mitarbeiter um? Dominiert Null-Fehler das operative Geschäft (mit einer reinen Null-Fehler-Denke würden wir heute wahrscheinlich mit perfekten, in Osteuropa produzierten Pferdekutschen unterwegs sein!) oder sind Fehler Teil des Innovationsprozesses? Wer haftet für Fehler und bereinigt ihre Folgen: der Verursacher oder der Vorgesetzte?
  Ich meine, wenn schon Fehler gemacht werden, dann vielleicht nach dem Motto: Ein schlechter Manager macht immer die gleichen Fehler, ein guter immer neue!
- **Transparenz:** Wie bekannt sind den Mitarbeitern die Unternehmens- und Bereichsstrategien, ihre Aufgaben, Ziele und Budgets? Wie sichtbar sind Erfolge und Misserfolge, wem werden sie zugeschrieben?
- **Entscheidung:** Welche Entscheidungskompetenz haben die Führungskräfte und ihre Mitarbeiter: Nehmen sie ihre Aufgabe wahr und entscheiden selbstständig oder sichern sie sich ab, bis andere das Entscheidungsrisiko tragen? Treffen sie eher mit 80%iger Erfolgswahrscheinlichkeit eine schnelle Entscheidung oder holen sie sich so viele Rückversicherungen, bis die Entscheidung zwar sicher, aber zu spät getroffen wird oder die ursprüngliche Idee als Kompromiss gestorben ist? Kann sich der Mitarbeiter auf die Entscheidung seines Vorgesetzten verlassen oder wird diese oft von der nächst höheren Ebene unterlaufen? Kommen Entscheidungen aus den Führungsgremien – sei es Aufsichtsrat oder Management-Team – einhellig und überzeugend oder werden Themen in diesen Gremien nicht nur kontrovers diskutiert, sondern auch nach außen kontrovers kommuniziert?

- **Verantwortung:** Manager sind verantwortlich für das, was sie tun, aber auch für das, was sie nicht tun!
Werden von Führungskräften nur die Aufgaben deligiert oder auch die entsprechende Verantwortung für Erfolg und Misserfolg? Wird Verantwortung (auf allen Ebenen) aktiv gesucht oder eher Wege und Möglichkeiten, sie abzugeben?

Ein zweiter wesentlicher Parameter der HR-Kultur ist die **Teamkultur.** Sie hängt sehr eng mit der Führungskultur und Kommunikationskultur, aber auch mit der Unternehmensorganisation zusammen. Die Organisation gibt vor, ob das Unternehmen aus Ab-Teilungen und Schnitt-Stellen oder aus Teams, Projekten und Prozessen besteht. Ziehen alle Team-Mitglieder am gleichen Strang – und auch am gleichen Ende?

Wesentliche Determinanten bei der Analyse und Funktion von Teamstrukturen sind:
- **Team-Zusammensetzung:** Bestehen die Teams und Projekte aus Mitarbeitern verschiedener Hierarchien oder sind es Extrakte einzelner Abteilungen? Arbeiten sie interdisziplinär, international, interkulturell? Bestehen sie aus eigenwilligen Top-Performern, mäßig erfolgreichen Teamleitern, einer zusammengeschweißten Truppe von Workaholics, einer Gruppe frustrierter High Pot's, die sich unter dem Vorgesetzten nicht entfalten können, einer Mannschaft, die zwar gut umsetzen, jedoch keine Verantwortung übernehmen kann, weil der Vorgesetzte diese nicht delegiert, einem Team, das es gewohnt ist, über Ziele geführt zu werden oder einem, das jahrelang sehr arbeitsteilig gearbeitet hat?
- **Team-Rollen:** Wechseln die Rollen von Teamleitern und -mitgliedern bzw. die Aufgaben der Teams oder sind sie eher statische Gebilde? Gibt es einen Austausch von Mitarbeitern zwischen Teams, Projekten, Unternehmensstandorten?
- **Freiheitsgrade:** Welche Verantwortung in Sachen Ziele, Budgets und Zeit haben die Teams in ihren Aufgaben und Projekten?

Der dritte Bestandteil einer HR-Kultur ist die **Kommunikationskultur**: Kommunikation ist eines der wichtigsten Betriebsmittel moderner Unternehmen!

Wie kommunizieren Führungskräfte miteinander, mit ihren Mitarbeitern und diese untereinander?

Dabei kann man differenzieren nach:
- **Kommunikationsstil:** Ist er laut und autoritär oder eher leise und informativ, ist er direkt und offen oder eher kompliziert?
- **Kommunikationswege:** Findet die Kommunikation formell oder informell statt, streng über Arbeitsanweisungen oder locker per E-Mail? Erfolgt er direkt und über Hierarchien hinweg oder unter strenger Einhaltung des »Dienstwegs«?
  Wie ist die Meeting-Kultur – die in vielen Unternehmen übrigens deutlich zu viel Raum einnimmt: Anzahl, Regelmäßigkeit, Dauer, Ergebnisse, Dokumentation und Nachhaltigkeit? Tragen die Fachverantwortlichen wirklich die Verantwortung für ihr Ressort oder verstecken und schützen sie sich durch basisdemokratische Treffen? Werden in den Sitzungen Strategien entworfen oder prägt Operatives diese Runden? Findet Kommunikation nur in der Firma statt oder gibt es auch externe Kommunikationswege: von der Betriebs-Band über die Laufgruppe bis hin zur Outdoor-Vertriebstagung?
- **Kommunikationsrichtung:** Wie verläuft die Kommunikation innerhalb und zwischen den Hierarchien?
- **Kommunikationsdistanz:** Wie ist die kommunikative Distanz zwischen dem Top-Management und den Mitarbeitern an der Unternehmensbasis? Geht der Geschäftsführende Gesellschafter täglich in die Produktion, begrüßt seine Mitarbeiter per Name und erkundigt sich nach ihren Kindern oder ist das Top-Management ein anonymer Fond, der sich nur nach der täglichen Lektüre des Aktienkurses meldet?
- **Lob und Tadel:** Wie kommt Feedback in die Abteilungen, Teams, Projekte oder zu einzelnen Mitarbeitern? Wie werden Fehler kritisiert

und Erfolge mitgeteilt? Wird gerügt, wird gefeiert oder gilt gar das schwäbische Motto: »Nicht gescholten ist genug gelobt«?

4.3.2 Die Business-Kultur
fair – innovativ – profitabel

Neben der HR-Kultur prägt die **Business-Kultur** ein Unternehmen signifikant. Darunter verstehe ich die Werte, die der unternehmerischen Aktivität einer Firma zugrunde liegen. Die wichtigsten sind dabei der Umgang mit Geschäftspartnern (Kunden, Lieferanten, Kooperationspartnern etc.), die Innovationskultur, die Qualitätskultur und die Finanzkultur.

Beim Umgang mit Businesspartnern nimmt sicherlich der Kunde (oder der es noch werden soll) die wichtigste Rolle ein. Wie geht man mit diesem um, wie eng ist die Beziehung zu ihm, wie wichtig ist man für ihn? Ist »Customer First« nur ein Schlagwort in der Eingangshalle oder wird dieses Motto von allen gelebt? Wissen die Mitarbeiter um die Wichtigkeit ihrer Produkte für den Kunden? Wissen sie, dass letztendlich der Kunde und nicht der Arbeitgeber die Gehälter bezahlt?

Wie ist die Kommunikation zu den Kunden, besonders im Falle von Beanstandungen und Reklamationen? Welche Bedeutung hat man für die Kunden: geschätzter A-Lieferant, mit dem er seine Ansprüche diskutiert und in gemeinsamen Projekten Produkte entwickelt oder Top-Kandidat für die Abschussliste, kleine Second Source mit Potenzial, innovativer, aber teurer Nischenanbieter?

Oft nicht weniger wichtig als die Kunden sind die **Lieferanten.** In Zeiten der Reduktion von Fertigungstiefen, der Konzentration auf Kernkompetenzen, verkürzter Innovationszyklen, knapper Lagerhaltung, innovativer Logistikkonzepte und Rohstoffknappheit rücken die Lieferanten zunehmend ins Rampenlicht und bieten ein weites Feld ethischer Betrachtungen. Werden sie geschätzt oder ausgenutzt? Existiert die Geschäftsbeziehungen vor allem wegen der Produkte (die man unbedingt braucht) oder wegen der Menschen (die sich engagieren)? Werden sie

»auf Augenhöhe« geschätzt und partnerschaftlich in die Unternehmensprozesse eingebunden oder über eine »open-book-policy« preislich an ein Existenzminimum gedrängt?

Auch ein **Wettbewerber** ist ein Businesspartner im weiteren Sinne. Respektiert man ihn und misst sich sportlich mit ihm am Markt oder ist er eher ein Feindbild, das es permanent zu bekämpfen gilt?

Ein besonderer Faktor der Business-Kultur ist die **Innovationskultur**. Ist Innovation im Unternehmen ein durchgängiger und gelebter Prozess oder nur auf Produktinnovationen in F&E reduziert? Wie viele Querdenker hat man im Unternehmen und wie setzt man ihre Ideen um? Wie kommt das Unternehmen überhaupt zu Innovationen und welche Rolle spielen dabei Mitarbeiter, Lieferanten, Wettbewerber und die Abteilungen F&E, Vertrieb und Produktmanagement? Was waren signifikante Innovationen in den vergangenen Jahren und welche stehen an? Wo liegen die Hindernisse und Barrieren zu Quantensprüngen? Sind es technologische Limits oder bestehen sie eher in den Köpfen der Mitarbeiter? Kann man von anderen Branchen oder Firmen lernen, macht man das? Wie ist die Innovationsrate im Unternehmen im Vergleich zu den Wettbewerbern? Ist man als Innovator immer der Erste im Markt und schöpft den Ertrag ab, bevor andere nachziehen oder ist man eher kostengünstiger »fast follower« und wartet, bis sich der Branchenprimus sein »blaues Auge« geholt hat?

Welche Bedeutung hat die **Qualität** im Unternehmen, wie wichtig ist sie für den Kunden und wie hoch sind dessen Ansprüche? Wie stellt das Unternehmen diese über lange Zeiträume sicher, wie installiert ist sie im System und noch wichtiger: in den Köpfen der Mitarbeiter? Wer auditiert Qualität: der Kunde, der TÜV oder die DGQ, die FDA, das PEI oder das BfArM? Wie weit ist man qualitätsseitig von den Benchmarks entfernt bzw. wie viel Vorsprung hat man vor anderen internationalen Wettbewerbern? Wer coacht den wie auch immer benannten Qualitäts-Verbesserungsprozess? Läuft er top-down oder eher bottom-up? Wie geht man mit Verbesserungsvorschlägen um und wie schnell werden die besten installiert? Wird Qualität in die Produkte hineinentwickelt oder eher am Ende der Prozesskette herausgeprüft? Braucht man überhaupt Qualitätsprüfer oder ist die Qualitätsverantwortung gut in den Fachabteilungen platziert und verankert? Wie arbeiten Qualitäts-, Produktions- und Innovationsbereiche zusammen: konkurrierend oder Hand in Hand?

Eng mit der Qualität ist in vielen Unternehmen der Bereich Safety, Health & Environment (SHE) verbunden, wo man den verantwortungsvollen Umgang nicht nur auf Produkte und deren Produktion fokussiert, sondern auch mit Arbeitssicherheit, Gesundheit und Umweltaspekten verbindet.

Welche Bedeutung haben die **Finanzen** im Unternehmen? Klar ist: Die Hauptaufgabe eines Unternehmens ist es, Geld zu verdienen! Dies ist auch seine Existenzberechtigung und Voraussetzung für Wachstum. Dennoch gibt es gravierende Unterschiede: Ist das Unternehmen cash-, produkt- oder kundengetrieben? Wie hoch sind die Ansprüche an die Profitabilität? Ist ein einstelliger Profit ein Grund, Werke zu schließen? Ist Profit einziges Unternehmensziel oder gibt es andere Werte? Regiert ein Controller das Unternehmen oder ein kunden- bzw. innovationsorientierter Manager? Prägt kurzfristiges, quartalsgetriebenes Denken das Business oder eher eine mittelfristig ausgerichtete, nachhaltige Strategie?

4.4 Position & Anforderungsprofil
Die Basis für eine erfolgreiche Suche

Bei der Analyse des Anforderungsprofils an eine Position bzw. an ihren Stelleninhaber bewegt sich der Berater nicht selten auf einem schmalen Grat zwischen der Wunschvorstellung seines Mandanten und der Machbarkeit auf dem Arbeitsmarkt. Hier sind seine Beraterqualitäten gefragt. Top-Profile für historisch gewachsene Organisations- und Gehaltsstrukturen sind ebenso selten wie echte Top-Marken zu Discountpreisen. Der Berater spiegelt Unternehmensstrategie und Idealprofil zu HR-Marktgegebenheiten und Attraktivitätsmomenten. Seine Einschätzung kommuniziert er aufrichtigerweise vor Erhalt des Auftrages (auch auf die

Gefahr hin, dass er ihn dann nicht bekommt) präzise an seinen Auftraggeber und definiert mit ihm anschließend die Suchstrategie (vgl. auch Kap. 6). Nicht immer ist es sinnvoll, eine Position 1:1 wieder zu besetzen. Manchmal erfordert es die Unternehmenssituation, statt eines Key Account Managers einen Produktmanager, statt eines Vertriebsleiters den Geschäftsführer einer Vertriebs-GmbH, statt eines Einkaufsleiters einen Supply Chain Manager, statt eines Assistenten einen Geschäftsführer zu suchen. Nicht immer liegt das Unternehmen mit seinen Anforderungen an die Stelle richtig. Oft sind hier Erfahrungen aus anderen Unternehmen und Branchen hilfreich, häufig müssen auch verwachsene Organisationsstrukturen bereinigt und der potenzielle Kandidatenpool weiter (bzw. enger) definiert werden. Ein professioneller Berater zeigt hier das Mögliche auf und lehnt im Extremfall aber auch das Unmögliche ab!

Zunächst hinterfragt er die **Gründe** für die Besetzung der Position. Ist es eine Altersnachfolge, gibt es eine Kündigung, wer hat gekündigt und warum? Ist es eine neu geschaffene Position und warum wird sie installiert, wird ein Team oder das Management erweitert oder soll eine nicht erfolgreiche Führungskraft ersetzt werden, die heute noch im Amt ist? Wie ist die Fluktuation auf dieser Position, wurde bereits gesucht, gibt es interne Aspiranten auf den Job und wie geht man mit diesen um? Welches sind die Strategien, Ideen und Erwartungen, die man mit der Besetzung dieser Position verbindet?

Als nächstes folgt die Analyse des **Umfelds,** in das die Position integriert werden soll: klassische Bereiche und tayloristische Abteilungen oder moderne Prozess-Segmente der Wertschöpfungskette mit den entsprechenden HR-Strukturen? Wer sind die Kollegen, wie stark und wie qualifiziert sind die Teams und Mitarbeiter, wie sind ihre Betriebszugehörigkeit, Berufserfahrung, Fluktuation und Motivation?

Das **eigentliche Anforderungsprofil** lässt sich in vier Kategorien erfassen: Aufgabe, Qualifikation & fachliche Kompetenz, Persönlichkeit und Potenzial (Details findet man auch in den Kapiteln 5.1.1, 5.1.2 und 5.2 – 5.4).

Forschung	Entwicklung	Produktion	Marketing	Vertrieb	Distribution
Wirkstoff-Detektion	Medikament-Entwicklung	Scale Up	Medical Management	Direktvertrieb an Kliniken und niedergelassene Ärzte	Logistik und Großhandel (an Apotheken/Ärzte)
Wirkstoff-Analyse	Klinische Forschung		Product Management		
	Medical Affairs/ Drug Regulatory/ Drug Safety				

Abb. 9 // Die Wertschöpfungsbereiche eines Pharma-Unternehmens

Bei der Präzisierung der **Aufgabe** (z.B. Leiter Vertrieb/Marketing) sind folgende Parameter interessant: Führungsverantwortung (ja/nein, fachlich/disziplinarisch), Organisation/Prozesse, Kunden (interne/externe) und Schnittstellen, Grad der Internationalität (und Reiseanteil) sowie die wesentlichen KPI's im Verantwortungsbereich. Darüber hinaus ist die zu erwartende Gewichtung von betriebswirtschaftlichen und technischen (oder z.B. wissenschaftlichen im Bereich Health Care) Aufgabenstellungen sowie operativen und strategischen Anteilen in der Ausführung der Aufgabe von Bedeutung.

Die zweite Kategorie ist die erwartete, der Position zugrunde liegende **Qualifikation,** vor allem das Bildungsniveau (z.B. Berufsausbildung, Studium, Promotion, MBA) und die bisher erworbene **fachliche Kompetenz** und **Berufserfahrung:** wie viele Jahre, in welcher Branche, mit welchen Produkten, in welchen Kundenbeziehungen, wie international? Dabei kann man noch zwischen allgemeiner und für die zu besetzende Position relevanter Berufserfahrung differenzieren.

Die dritte Kategorie bilden die notwendigen **Persönlichkeitsmerkmale** zur Bewältigung der Aufgabe: integrativ und soft oder durchsetzungsstark und hart, besonnen oder agil, anpassungsfähig oder authentisch, hand's on oder betont akademisch?

Wichtig ist es auch, mit dem Mandanten über das **Potenzial** der Aufgabe bzw. der Kandidaten zu sprechen: Hat die Position zukünftig (z.B. durch Expansionsmöglichkeiten) enormes Potenzial, das auszufüllen der Kandidat in der Lage sein muss bzw. ist man gewillt, für die Position auch Kandidaten in Erwägung zu ziehen, die zwar eine entsprechend voluminöse Aufgabe noch nicht nachweisen können, jedoch das Potenzial dazu haben?

4.5 Das Ergebnis der Analyse
Der Indikator Z_U

Auf der Basis einer solchen oder ähnlichen, skizzenhaften **Unternehmens- und Positionsanalyse** macht sich der Personalberater erstens ein **Gesamtbild** über die aktuelle Situation des Unternehmens, den Professionalisierungsgrad sowie das kulturelle Umfeld, in das die einzustellende Fach- oder Führungskraft positioniert werden soll. Idealerweise fasst er die Ergebnisse kurz in Form einer **Präsentation** zusammen, die er später interessanten und geeigneten Kandidaten nach einem persönlichen Gespräch übergeben kann. Damit können diese die Gespräche nachbereiten und sich fundiert auf die Treffen mit ihrem potenziellen Vorgesetzten vorbereiten.

Zweitens sind die Analyseergebnisse die Basis der **Suchstrategie** (siehe Kap. 2): Macht aufgrund eines breiten Fokus (z.B. bei der Suche eines Kaufmännischen Geschäftsführers) die Schaltung einer **Anzeige** mehr Sinn als **Direct Search** oder bringt eine anzeigenbasierte Suche bei einem engen Profil (z.B. Leiter Innovation bei einem technologischen Nischenplayer) zu viele Streuverluste und ist die reine Direktsuche im engsten Branchenumfeld viel erfolgversprechender? Macht eine **Kombination** aus anzeigengestützter Suche und Direktansprache Sinn (z.B. bei der Suche nach einem Vertriebsleiter für ein Technologieunternehmen), bei der man über die Direktansprache Kandidaten aus der Branche mobilisiert und per Anzeige (z.B. Printanzeige in einer überregionalen Tageszeitung und/oder in einem Fachblatt bzw. web-basiert) mehr auf Persönlichkeits- und Schlüsselfaktoren (z.B. Vertriebs-, Akquisitions- und Kommunikationsstärke) abhebt? Die Suchstrategie wird auch vom Grad der Diskretion beeinflusst.

Die **dritte,** vielleicht wichtigste Einschätzung, die der Berater trifft (und mit seinem Mandanten auf einen Nenner bringt) ist die vom Unternehmer oder der entsprechenden Führungskraft beabsichtigte (oder notwendige) zukünftige Entwicklung des Unternehmens (ein vernünftiger Zeithorizont sind hierbei zwei bis drei Jahre) auf der Basis der **heutigen Unternehmenssituation.** Diesen **relativen** Faktor, den ich Z_U (Zielpositionierung des Unternehmens) nenne, ist nicht nur für die zu besetzenden Position relevant (er ist für einen Vertriebs-Geschäftsführer anders als für einen HR-Direktor), sondern später auch zur Potenzialeinschätzung (vgl. Kap. 5.1.2) der Kandidaten enorm wichtig. Hat das Unternehmen (mehrere) Quantensprünge vor (bzw. muss sie machen), sind die Ansprüche an das Potenzial der Kandidaten anders zu stellen als bei einer gemächlichen Fortentwicklung auf hohem Niveau.

Der Faktor Z_U ist **relativ** zum Bezugssystem »Unternehmen«. Ist sein Wert beispielsweise 3,5, so gilt dieser **nur für das betrachtete Unternehmen** (und für die **heutige** Situation): Der Faktor Z_U kann nicht zwischen zwei Unternehmen verglichen werden!

Die Bewertung der Zielpositionierung des Unternehmens bzw. Position auf der Basis der heutigen Unternehmenssituation erfolgt von 1 (wenig anspruchsvolle Ziele) bis 5 (sehr anspruchsvolle Ziele).

Beispiel:

Zielpositionierung	z_i
	1　2　3　4　5 Niedrig　　　　Hoch
1. Betriebswirtschaftliche Ziele	☐ ☐ ☐ ☒ ☐
2. Vertriebsziele	☐ ☐ ☐ ☐ ☒
3. Innovationsziele	☐ ☐ ☐ ☐ ☒
4. Bereichsziele der Position	☐ ☐ ☐ ☒ ☐
Sonstige Ziele: **Kundenzufriedenheit**	☐ ☐ ☐ ☒ ☐

$$\text{Zielpositionierung} \quad Z_U = \frac{\Sigma z_i}{n} = 4{,}40$$

Bereichsziele können definiert werden in Logistik, Einkauf, IT, Personal, Produktion, Qualität etc.

Abb. 10 // Die Zielpositionierung des Unternehmens

no. 5

Das Objekt der Begierde

Der Kandidat

Sie sind der Grund und das Ziel des War for Talents. Sie sind theoretisch unbegrenzt verfügbar, praktisch oft nur schwer zu finden: Top-Kandidaten, Talente und High Potentials.

Ein Kandidat ist nie per se top, sondern ist immer in Bezug auf eine bestimmte Umgebung zu bewerten. Damit taucht ein weiteres Problem auf: Ein so komplexes Wesen wie einen Menschen, ein Individuum, in kurzer Zeit im Rahmen eines Interviews, losgelöst von dessen gewohnter Arbeits- und Privatsphäre zu beurteilen, ist nahezu unmöglich. Der Beurteiler hat außerdem kaum Lerneffekte, weil er die Richtigkeit seiner Einschätzungen ja nur an den wenigen Kandidaten verifizieren kann, die er eingestellt hat. Von den vielen Kandidaten, die er bereits auf der Basis der Papierform oder nach einem persönlichen Gespräch abgelehnt hat, wird er nie erfahren, ob sie der Aufgabe gewachsen gewesen wären.

An dieser Stelle möchte ich betonen, dass wir in Rekrutierungsverfahren nicht nur Fach- und Führungskräfte (das sind »Rollen«) beurteilen, sondern vor allem auch die dahinter stehenden Menschen. Tausende Unternehmensleitbilder lauten ja nicht »Der Manager im Mittelpunkt«, sondern »Der Mensch im Mittelpunkt«. Und der »Mensch« besteht aus mehr als einem Werdegang und einer Addition erfolgreich und nicht erfolgreich bewältigter beruflicher Positionen. Er/sie ist auch Familienvater/-mutter, die Nummer zwei in der Tennis-Regionalliga, Häuslebauer, Vorsitzender des Vereins krebskranker Kinder, passionierter Jazz-Band-Leader und vieles mehr.

5.1 Die Methodik
Viele Wege – ein Ziel

Bei der Beurteilung von Kandidaten haben viele Führungskräfte ihre eigenen, oft wenig nachvollziehbaren »Patentrezepte«. Häufig dominieren Bauchgefühle und Bauchentscheidungen die Szene, die nach der Einstellung der Kandidaten nicht selten mit heftigen Bauchschmerzen enden.

Die folgenden Kapitel sollen dabei helfen, Kandidaten strukturiert, präzise und transparent zu beurteilen. Die vorgestellte Methodik schafft eine Grundlage, die Ergebnisse unter den »Beurteilern« offen zu diskutieren und (vielleicht sogar mit dem Kandidaten!) einen gemeinsamen Nenner für eine Entscheidung zu finden.

Semiprofessionelle und selbsternannte »**Bauchentscheider**« müssen übrigens – wie man später sehen kann – nicht unbedingt schlechter mit ihren Entscheidungen liegen. Für alle anderen Führungskräfte, die Manager einstellen, biete ich ein einfaches Kompetenzmodell (Kap. 5.1.1) sowie ein einfaches Potenzialmodell (Kap. 5.1.2) zur Bewertung von Kandidaten an.

Im Kapitel »Bilder aus der Wissenschaft« (Kap. 5.1.3) stelle ich einige interessante Phänomene und Erkenntnisse aus verschiedenen Wissenschaftsdisziplinen dar, die dabei helfen können, Beobachtetes darzustellen, Gesagtes zu interpretieren und Gedachtes nachzuvollziehen.

5.1.1 Das Kompetenzmodell
Die drei Faktoren der Kompetenz

Um sich der Kompetenz eines Managers anzunähern, sollte man nicht nur sehr offen, sondern auch sehr strukturiert und transparent arbeiten. Das den folgenden Kapiteln zur Selektion,[13] d.h. der systematischen Bewertung von Kandidaten zugrunde liegende Kompetenzmodell[14] ist sehr einfach: Eine Säule der Basis bildet der **Werdegang,** den ich später in die Kategorien »(Aus-)Bildung«, »Führung«, »Internationalität«, »Berufserfahrung«, »Leistung & Erfolge« und »Rahmendaten« differenzieren werde. Die andere Säule ist die **fachliche Kompetenz,** differenziert nach den drei Kategorien »Theoretisches Wissen«, »Praktische Erfahrungen« sowie »Methoden/Skills und Werte«, bei denen sowohl

---

13 **//** bzw. zur Definition der Position und des Anforderungsprofils (siehe Kap. 4.4)
14 **//** Da die Betrachtung des Potenzials nie ohne die Bewertung der Kompetenz erfolgen kann, ist im Kompetenzmodell auch der Faktor »Potenzial« dargestellt. Da dieser Faktor sehr wichtig ist, ist ihm ein eigenes Kapitel gewidmet (vgl. Kap. 5.1.2).

die Breite als auch die Tiefe interessante Sub-Parameter sind. Auf diesen beiden Säulen setzt die **Persönlichkeit** des Kandidaten auf. Diese einzuschätzen bedarf sehr viel Sorgfalt, Empathie und Erfahrung. Für eine nachhaltig erfolgreiche Besetzung einer Führungsposition ist der Ist-Soll-Vergleich von existierenden und geforderten Persönlichkeitsmerkmalen der Kandidaten fundamental wichtig. Ich differenziere hier die Merkmale »Erster Kontakt«, »Dynamik & Energie«, »Authentizität & Charisma« sowie »Intelligenz«.

Die Ausprägungen der Kategorien »Werdegang«, »Fachliche Kompetenz« und »Persönlichkeit« bilden in diesem Modell die **Kompetenz,** die ich definiere als die bis dato unter Berücksichtigung persönlicher Merkmale erworbene und nachweisbare **Leistungs- und Erfolgsbilanz.** Diese ist in Abhängigkeit von Unternehmen und Position zu betrachten.

Genau genommen könnte man noch differenzieren zwischen **Kompetenz** als theoretisch möglichem Vermögen (d.h. Können) und **Leistung** als nachgewiesene Erfolgsbilanz. Ein Manager könnte zum Beispiel eine internationale Vertriebsgesellschaft führen (Kompetenz), hat es aber bis dato noch nicht gemacht (Leistung).

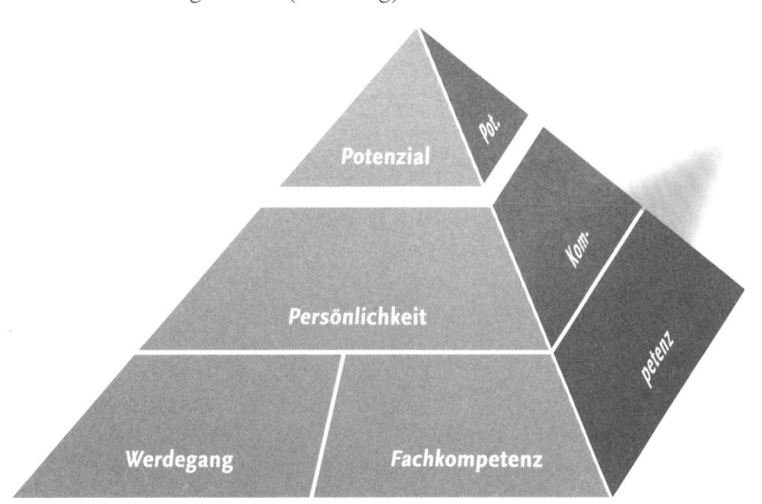

Abb. 11 // Das Kompetenz-Modell

Während die Kompetenz eines Kandidaten in der Gegenwart bewertbar und in Richtung Vergangenheit sogar noch über Referenzen nachprüfbar ist, ist die Bewertung des **Potenzials** eines Kandidaten rein in die Zukunft gerichtet. Die Frage, ob sich jemand momentan auf dem Höhepunkt seiner Leistungsfähigkeit befindet oder das Potenzial für weitergehende Verantwortung hat, ist für Beurteiler wie Beurteilten hoch interessant, die Antwort in der Realität aber häufig auch hoch spekulativ. Deshalb ist diesem Thema ein separates Kapitel (5.1.2) gewidmet.

Folgende methodische Vorgehensweise schlage ich zur Bewertung der (aktuellen) Kompetenzen von Kandidaten vor (siehe Abb. 12):
1. Differenzierung des Kompetenzmodells (3 Hauptkategorien: Werdegang, Fachliche Kompetenz und Persönlichkeit) in seine in Abhängigkeit vom Anforderungsprofil individualisierten Unterkategorien. Diese kann man nach Belieben weiter differenzieren und gewichten.
2. Gewichtung der Unterkategorien zwischen 0% (nicht wichtig) und 200% (ausgesprochen wichtig).[15]
3. Zusammenstellen des individuellen (auf die spezifische Unternehmenssituation angepassten) Fragekatalogs als Vorbereitung für ein halbstrukturiertes Interview. Einzelne Faktoren und Fragen findet man in den Kapiteln 5.2 – 5.4.
4. Bewertung der Kandidaten nach den definierten Kategorien und Unterkategorien und Erstellen des Kompetenzprofils während und nach dem Interview. Dies kann vom Vorgesetzten und Berater (gegebenenfalls nach dem Interview auch vom Kandidaten) durchgeführt werden. Die Skalierung erfolgt von 1 (schwach) bis 5 (ausgezeichnet). Dieses dient später als Diskussionsgrundlage aller Beteiligten.
5. Berechnung des Kompetenzindex K_I bzw. $K_{I(g)}$ (gewichtet) aus den Ergebnissen aller Kategorien.

[15] // Gewichtet man alle Kategorien gleich (z.B. auf 200% oder 70%), so ist das keine Gewichtung, da man später wieder durch die Summe der Gewichte teilt. Außerdem sollte man die Gewichtung auch immer realistisch in Bezug zur Unternehmenssituation (und nicht zuletzt auch zur Attraktivität der Position) sehen.

1. **Berechnung des ungewichteten Kompetenzindex K_I**

$$K_I = \left(\frac{\Sigma w_i}{n_w} + \frac{\Sigma f_i}{n_f} + \frac{\Sigma p_i}{n_p} \right) / 3$$

w_i: Ausprägungen der Kategorie »Werdegang«
f_i: Ausprägungen der Kategorie »Fachliche Kompetenz«
p_i: Ausprägungen der Kategorie »Persönlichkeit«
$n_{w/f/p}$: Anzahl der Unterkategorien in den jeweiligen Hauptkategorien

Die Summanden sind die **ungewichteten** Zwischenergebnisse w (Werdegang), f (Fachliche Kompetenz) und p (Persönlichkeit) der drei Hauptkategorien

$K_I = [(3+2+4+5+3+5) / 6 + (5+4+3) / 3 + (5+3+5+4) / 4] / 3$
$K_I = 3{,}97$

2. **Berechnung des gewichteten Kompetenzindex $K_{I\,(g)}$**

$$K_{I\,(g)} = \left[\left(\frac{\Sigma w_i \times gw_i}{\Sigma gw_i} + \frac{\Sigma f_i \times gf_i}{\Sigma gf_i} + \frac{\Sigma p_i \times gp_i}{\Sigma gp_i} \right) \right] / 3$$

gw_i: Gewichtung der Subkategorien in der Kategorie »Werdegang« ($\Sigma gw_i \neq 0$)
gf_i: Gewichtung der Subkategorien in der Kategorie »Fachliche Kompetenz« ($\Sigma gf_i \neq 0$)
gp_i: Gewichtung der Subkategorien in der Kategorie »Persönlichkeit« ($\Sigma gp_i \neq 0$)

Die drei Summanden sind die **gewichteten** Zwischenergebnisse W (Werdegang), F (Fachliche Kompetenz) und P (Persönlichkeit) der drei Hauptkategorien.

$$K_{I\,(g)} = \left(\frac{(3 \times 80)+(2 \times 150)+(4 \times 100)+(5 \times 100)+(3 \times 170)+(5 \times 70)}{670} \right) \quad (W=3{,}43)$$

$$K_{I\,(g)} = \left(\frac{(5 \times 100)+(4 \times 150)+(3 \times 120)}{370} \right) \quad (F=3{,}95)$$

$$K_{I\,(g)} = \left(\frac{(5 \times 80)+(3 \times 200)+(5 \times 200)+(4 \times 100)}{580} \right) / 3 \quad (P=4{,}14)$$

$K_{I\,(g)} = 3{,}84$

		gw_i Gewichtung (%)	1	2	3	4	5	gewichtet	
Werdegang	(Aus-) Bildung	80			×			240	
	Führung	150		×				300	
	Internationalität	100				×		400	$W =$
	Berufserfahrung	100					×	500	$3{,}43$
	Leistung & Erfolge	170			×			510	
	Rahmendaten	70					×	350	
	Σgw_i	670	\multicolumn{5}{c	}{$w = 3{,}67$}	2300	

		gf_i Gewichtung (%)	1	2	3	4	5	gewichtet	
Fachliche Kompetenz	Theoretisches Wissen	100				×		500	
	Praktische Erfahrung	150				×		600	$F =$
	Methodik & Werte	120			×			360	$3{,}95$
	Σgf_i	370	\multicolumn{5}{c	}{$f = 4{,}00$}	1460	

		gp_i Gewichtung (%)	1	2	3	4	5	gewichtet	
Persönlichkeit	Erster Kontakt	80				×		400	
	Dynamik & Energie	200			×			600	
	Authent. & Charisma	200					×	1000	$P =$
	Intelligenz	100				×		400	$4{,}14$
	Σgp_i	580	\multicolumn{5}{c	}{$p = 4{,}25$}	2400	

K_I $3{,}97$

K_I(gewichtet) $3{,}84$

Abb. 12 // Das Kompetenz-Profil

5.1.2 Das Potenzialmodell
Der Mensch ist der ewig Werdende (TH. V. AQUIN)

Die Frage nach dem Potenzial von Kandidaten ist im Rekrutierungsgeschäft – egal ob man externe Kandidaten einstellen oder interne befördern möchte – sehr wichtig, allgegenwärtig, hoch interessant und sehr schwierig zu beantworten. Besonders deshalb, weil häufig Kandidaten der »zweiten Reihe« eingestellt bzw. befördert werden: Der Vertriebsleiter wird Vertriebsgeschäftsführer, der Werkleiter wird Vorstand, der Gesamtprojektleiter wird Technologiechef, der Geschäftsführer einer kleineren Einheit wird Vorstand einer größeren. Das hängt – abgesehen von der Tatsache, dass eine bestimmte Position für Kandidaten auf einer ähnlichen Stelle nur bedingt attraktiv ist – vor allem damit zusammen, dass man diesen Managern einerseits genügend Erfahrung, Integrationsfähigkeit und Formbarkeit und andererseits noch genügend Biss, Ehrgeiz und »Hunger nach Erfolgen« attestiert, die entsprechend größere Aufgabe zu bewältigen. Der beste Vertriebsleiter ist aber noch lange kein guter Geschäftsführer und der beste Projektleiter noch lange kein guter Innovationsmanager!

Rekrutiert man **extern** die falschen oder befördert **intern** Kandidaten fälschlicherweise (vgl. Kap. 5.5), verlieren sie für die neue Position nahezu vollständig ihren Wert, denn man suchte ja einen Geschäftsführer und nicht einen zweiten Vertriebsleiter. Die Konsequenz davon ist oft eine Trennung – für beide Seiten sehr frustrierend. Viele Karrieren enden durch den Glauben an das Motto »Past performance predicts future performance«.

Manager-Potenziale zu (er-) kennen ist jedoch nicht nur im Falle von (internen und externen) **Rekrutierungen** (d.h. bei der **Neubesetzung** von Positionen) sehr wichtig, sondern auch als aktuelle **Status-Analyse** des bestehenden Managements interessant. Dies besonders dann, wenn sich das Umfeld von Unternehmen sehr schnell und/oder sehr stark ändert (d.h. bei **neuen Anforderungen** an das bestehende Management). Gerade in Zeiten, in denen sich Innovationszyklen drastisch verkürzen, steigende Innovationsraten gefordert sich, die Halbwertszeiten von Wissen dramatisch sinken, Märkte saturiert sind, Internationalisierungswellen einzelne Branchen überrollen, über Nacht in Asien ernsthafte Wettbewerber entstehen oder ganze Unternehmensgruppen ihre Besitzer wechseln oder auch im Zuge strategischer Neuausrichtungen, Post Merger Integrations, bei Reorganisationen, Sanierungen/Turn-Arounds, dem Wechsel des Top-Managements, neuen Markt-/Wettbewerbssituationen oder anstehenden IPO's steigen und ändern sich die Anforderungen an Unternehmen und ihre Mitarbeiter sprunghaft und müssen neu definiert bzw. neu ausgerichtet werden. Deshalb ist es für Unternehmen und deren Top-Management immanent wichtig und überlebensnotwendig, die Leistungsfähigkeit und die Potenziale ihrer Mitarbeiter zu kennen. Da der Faktor »Personal« sehr schnell zum »bottle neck« der zukünftigen Entwicklung wird, finden Kompetenz- und Potenzialbewertungen deshalb zunehmend auch »prophylaktisch« zur Stärken-Schwächen Bilanzierung des Managements Verwendung: Es ist gut zu wissen, dass man Talente hat. Genau so wichtig ist es jedoch zu wissen, dass man keine hat!

Special: Das Commitment von Mitarbeitern
Einstellungen – Haltungen – Motivationen

Bei starken Veränderungen und Neuausrichtungen von Unternehmen oder im Zuge von Firmenübernahmen, bei denen es für das übernehmende Unternehmen und dessen Management wichtig ist, sehr schnell einen Überblick über die **Kompetenz- und Potenzialsituation** im Management des übernommenen Unternehmens zu bekommen, spielt zusätzlich auch die Kenntnis der Einstellung und Haltung, das »**Commitment**« einzelner Fach- und Führungskräfte zu diesen Veränderungen eine Rolle. Diese Analyse wird bei Firmenübernahmen – wie überhaupt die gesamte HR-Analyse – im Gegensatz zur gründlichen Due Diligence in Sachen **Finanzen, Technik** und **Markt** meist gar nicht oder nur sehr oberflächlich gemacht. Vielleicht ist dies auch ein Grund dafür, warum sehr viele Übernahmen scheitern und die von den M&A-Beratern gepriesenen Synergien nicht funktionieren.

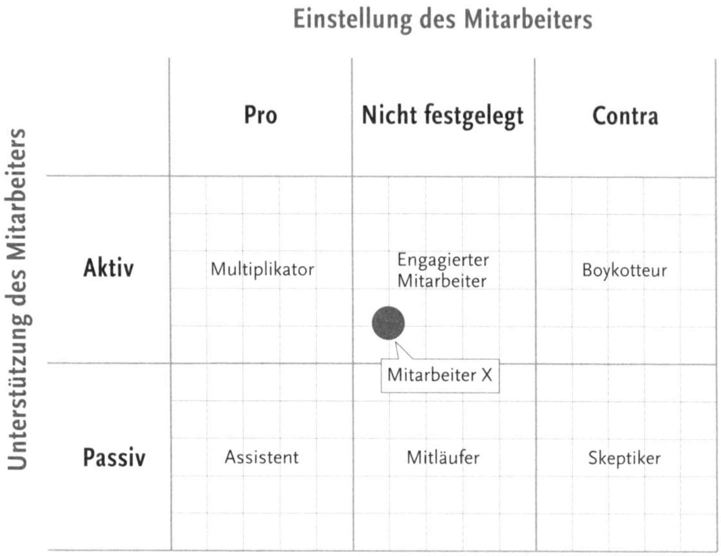

Einstellung des Mitarbeiters

	Pro	Nicht festgelegt	Contra
Aktiv	Multiplikator	Engagierter Mitarbeiter	Boykotteur
Passiv	Assistent	Mitläufer	Skeptiker

(Unterstützung des Mitarbeiters)

Mitarbeiter X

Abb. 13 // Die Einstellung von Fach- und Führungskräften zu Veränderungen (nach: R. NIERMEYER, N. POSTALL: FÜHREN. 2003)

Kann (im Falle einer Übernahme) das neue Unternehmen oder (im Falle einer strategischen Neuausrichtung) die Führungskraft die Vision und die strategischen Ziele nicht zu den Mitarbeitern transportieren bzw. werden sie nicht verstanden und verinnerlicht, scheitern solche Projekte in der Regel oder laufen nur sehr zäh und langsam. Deshalb ist die Kenntnis der Einstellung der Mitarbeiter zu bestimmten Themen eine wichtige Basis für die Personalentwicklung[16] und den Bereich Compensation & Benefits (z.B. Zielvereinbarungen).

16 // Hier werden sehr häufig nur »Kompetenz-Defizite« kompensiert, jedoch nur selten Einstellungen korrigiert.

Die **Methodik** zur Bewertung von **Potenzialen** ist mit das Unqualifizierteste, was das HR-Geschäft zu bieten hat: Hier dominieren falsche Versprechungen, Quasiobjektivität, Intransparenz, Halbwissen und Scharlatanerie, im besten Falle noch »Postkorbwahnsinn«, Spekulation und »Bauchgefühle« die Szenerie. Sie entscheiden jedoch über berufliche und menschliche Schicksale! Bei dem, was die Schüler renommierter Psychologieprofessoren unter Potenzialanalyse vermarkten und durchführen, müsste eigentlich ein akademischer Aufschrei durch die Republik hallen. Auch wenn diese Methoden tausendfache Anwendung finden, werden sie dadurch nicht besser oder seriöser: »Ein alter Irrtum hat mehr Freunde als eine neue Wahrheit.« (J.W. GOETHE)

Auf der Suche nach einer validen und einfachen Methode, die mich bei meinem täglichen Ringen um die Potenzialeinschätzung von Kandidaten unterstützen kann, bekam ich vor Jahren von einem renommierten HR-Diagnostiker die Antwort, dass es heute kein wirklich sinnvolles und einfaches Tool gibt, mit dem man das Potenzial eines Kandidaten verlässlich diagnostizieren kann! Auf meine Frage, auf welcher Grundlage seine Firma dann Dutzende von Beratern zu diesem Thema auf den Markt schickt, bekam ich die Antwort: »Wenn wir es nicht machen, machen es die anderen!«

Das war für mich der Auslöser, mich selber stärker mit dem Thema zu befassen und einen methodischen Versuch zu starten, der »Wahrheit« etwas näher zu kommen. Mit folgendem, einfachen Modell strebe ich **keine wissenschaftliche Exaktheit im mathematischen Sinne** an, sondern biete **Transparenz** (man beachte: Transparenz ist keine Objektivität!) und **Nachvollziehbarkeit** für alle Beteiligten an. Das natürlich mit der Implikation, angreifbar zu sein. Genau das beabsichtige ich: Potenzialeinschätzungen sollten nicht die »absolute Wahrheit« proklamieren, sondern als Grundlage für eine Diskussion über Ergebnisse, Meinungen, Gefühle und Erwartungen zwischen allen Beteiligten (Unternehmen, Kandidat, Berater und andere) dienen: Das wiederum führt zu einem kontinuierlichen Lern- und HR-Verbesserungsprozess!

An Stelle von Methodenhörigkeit, Objektivitätsglauben, »Hidden Agenda's« und inquisitorischen Prüfungsverfahren und den daraus resultierenden Akzeptanzdefiziten fordere ich ein Ringen um eine gemeinsame Meinung, methodische Vielfalt und wertschätzende Professionalität.

Das **Ziel**, Potenziale bewerten zu wollen, ist richtig und wichtig – es sind nur die Wege dahin, die oft unseriös sind. Die extremste Form von Unseriosität – oft unter dem Deckmantel der Psychologie – sind Internet-Tests (eleganter: E-Diagnostic), bei denen man online ein paar Fragen beantwortet und der anonyme Gegenüber dann weiß, wer Sie sind und welches Potenzial Sie haben. In diesem Falle sind Auftraggeber und Auftragnehmer gleichermaßen unseriös und bewegen sich häufig auf dem Niveau von Tests à la »Was bin ich für ein Disco-Typ« in einem Klatsch- und Tratsch-Blatt!

Das Dilemma beginnt schon damit, dass der wohlklingende Begriff Potenzial nirgends exakt definiert ist, jedoch (hervorgehend aus der elektrotechnischen Ingenieurwissenschaft als messbare Größe) Objektivität suggeriert. Vielleicht wäre es in diesem Zusammenhang ehrlicher und weniger »mystisch«, statt von Potenzial von einer potenziellen oder zu erwartenden Leistungsfähigkeit zu sprechen.

Ich definiere **Potenzial** als **zukünftig** mögliche **Leistungsfähigkeit** eines Kandidaten in Bezug auf eine **bestimmte Position** (in einem bestimmten Unternehmen).

Das bedeutet, dass man **nur für Kandidaten aus einem Unternehmen** (im Falle einer Manager-Status-Analyse) bzw. **für eine bestimmte Position** (im Falle der Rekrutierung) eine Aussage über deren Potenzial treffen kann (»Kandidat A hat für die Position X mehr oder weniger Potenzial als der Kollege/Mitbewerber-Kandidat B für dieselbe Position«) und nicht die Potenziale von Kandidaten für unterschiedliche Positionen vergleichen kann. Das wiederum heißt, dass (hier) Potenzial nie absolut bewertet werden darf (»Kandidat X hat – unabhängig von einer Position – enormes Potenzial«).

Vor der Einschätzung des Potenzials eines Kandidaten sollte man folgende Grundfragen klären:

1. Braucht ein Kandidat zur Bewältigung der anstehenden Aufgabe überhaupt Potenzial und wenn ja, wie viel? Wenn ein top-qualifizierter und erfahrener Mitarbeiter oder eine Führungskraft auf gleicher Ebene und ähnlichem Umfeld in ein Unternehmen wechselt, das nicht vor einem Quantensprung steht, reicht sein heutiges Kompetenzniveau zur Bewältigung der Aufgabe oft völlig aus. Dazu braucht er kein Potenzial! Auch der Interims-Manager, der schon zehn Mal eine mittelständische Firma saniert hat, braucht kein Potenzial, um einen sehr guten Job zu machen. Hier ist die Frage nach der Ausgangsbasis wichtig (siehe Punkt 2 und 3).
2. Die Potenzialanalyse kann nie ohne die Kenntnis der (heutigen) **Kompetenz** des Kandidaten (K_I) erfolgen. Potenzial ist ein relativer Faktor! Dazu kann das Kompetenzmodell (vgl. Kap. 5.1.1) zu Rate gezogen werden und durch unternehmensspezifische Leistungsbeurteilungs- und -messsysteme ergänzt werden.
3. Wie sehen die Zielvorstellungen des Unternehmens (Z_U) und die Möglichkeit der Realisierung für die nächsten Jahre aus? Auf der Basis der heutigen Situation werden diese Ziele zwischen 1 (wenig anspruchsvoll) und 5 (hoch anspruchsvoll) skaliert (vgl. Kap. 4.5).
4. Wie sind die Leistungsreserven **R** des Kandidaten?

Beispiel:

Leistungsreserven	r_i 1 2 3 4 5 Niedrig Hoch
1. Ehrgeiz und Wille	☐ ☐ ☒ ☐ ☐
2. (Arbeits-) Einsatz- und Belastbarkeit	☐ ☐ ☐ ☒ ☐
3. »Hunger« nach beruflichem Weiterkommen	☐ ☐ ☐ ☐ ☒
4. Weiterbildung	☐ ☒ ☐ ☐ ☐
5. Sprachen	☐ ☐ ☒ ☐ ☐
6. Intelligenz	☐ ☐ ☐ ☒ ☐
7. Sonstiges: **Auslandsaufenthalt**	☐ ☐ ☐ ☐ ☒

$$\text{Leistungsreserven} \quad R = \frac{\Sigma r_i}{n} = 3{,}71$$

Abb. 14 // Die Leistungsreserven eines Kandidaten

Dieser Parameter zeigt, dass man zur Potenzialeinschätzung auch den Kandidaten direkt oder indirekt befragen muss. Hier reicht eine externe Einschätzung durch den potenziellen Vorgesetzten bzw. den Berater alleine nicht aus. Fixiert man die Aussagen dieses Gesprächs schriftlich, kann man sie bei tatsächlicher Einstellung oder im Falle einer Manager-Status-Analyse auch als Teil des jährlichen Zielvereinbarungsgespräches nutzen.

Ausgehend von diesen Gedanken schlage ich zur »holzschnitzartigen Berechnung« von Potenzial (in Bezug auf ein Unternehmen bzw. eine bestimmte Position) folgende Formel vor:

$$P_I = \frac{K_I \times R}{Z_U}$$

Kompetenzindex, Leistungsreserven des Kandidaten, Zielpositionierung Unternehmen

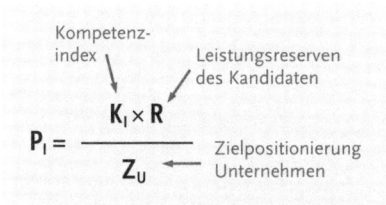

Die Parameter K_I (hier $K_{I\,(g)}$), R und Z_U werden von 1 (sehr niedrig) bis 5 (sehr hoch) skaliert.

Potenzialindex:

$P_I < 3$: schwach
$3 \leq P_I \leq 6$: gut
$P_I > 6$: sehr gut

P_I kann Werte zwischen 0,20 und 25,00 annehmen. In der Realität liegt er jedoch meistens unter 10.

Abb. 15 // Die Definition von Potenzial

Nimmt man die Daten aus Kapitel 4.5 (Z_U), 5.1.1 ($K_{I\,(g)}$) und 5.1.2 (R), so hat der Kandidat auf der Basis seiner heutigen Kompetenzsituation, seinen Leistungsreserven und den Zielvorstellungen des Unternehmens einen Potenzialindex von

$$P_I = \frac{3{,}84 \times 3{,}71}{4{,}40} = 3{,}24$$

Das Potenzial dieses Kandidaten liegt (bei überdurchschnittlicher Kompetenz und Leistungsreserven) »nur« im unteren Mittelfeld. Das ist in diesem Fall das Ergebnis der Tatsache, dass die Zielvorstellungen des Unternehmens auf der Basis der heutigen Unternehmenssituation ($Z_U = 4{,}40$) relativ hoch sind (vgl. Abb. 29).

Die Formel zeigt, dass das Potenzial eines Kandidaten – wie übrigens auch die sich permanent verschiebenden Zielvorstellungen von Unternehmen – ein **relativer** Faktor ist und auch sehr stark von der Einschätzung der Beteiligten abhängt!

Außer den drei Hauptfaktoren sollten auch weitere flankierende Rahmenbedingungen berücksichtigt werden. So ist für Führungskräfte auch das Leistungsvermögen der zugeordneten **Teams** wichtig: Der Chef allein kann manchmal mit noch so viel Engagement die Gesamtaufgabe nicht lösen. Auch die zeitliche **Dringlichkeit** der Herausforderung ist ein wichtiger Randparameter: Je weniger Zeit zur Bewältigung einer

Aufgabe bleibt, desto höher muss das Potenzial eines Kandidaten sein. Je mehr Zeit er zur Bewältigung seiner Aufgabe hat, desto mehr kann er sie zur Bildung von »Leistungsreserven« nutzen.

5.1.3 Bilder aus der Wissenschaft
Ein Bild sagt mehr als tausend Worte

Flankierend zu den grundlegenden Modellen von Kompetenz und Potenzial möchte ich hier ein paar Bilder aus verschiedenen Bereichen der Wissenschaft skizzieren, die man auch im Bereich der Rekrutierung von Fach- und Führungskräften zur Visualisierung und Erklärung von Ergebnissen, Verhaltensweisen oder persönlicher Einschätzungen nutzen kann.

Das Aktionspotenzial
Im unternehmerischen Alltag fehlt oft nicht viel, um in bestimmten Aufgaben und Herausforderungen einen signifikanten Schritt nach vorne zu machen, manchmal reicht nur ein kleines Quäntchen, um drastisch abzustürzen. Bei einem Konsumenten entscheidet häufig nur ein »Wimpernschlag«, ob er das (zu) teure oder das vernünftigere Auto kauft, ein wertvoller Mitarbeiter entscheidet »haarscharf«, ob er als Top-Performer seinem Arbeitgeber treu bleibt oder ein eigenes Unternehmen gründet und seine besten Kollegen gleich mitnimmt. Manchmal entscheidet nur eine kleine Innovation am Produkt oder an dessen Vermarktung (z.B. Farbe, Haptik, Funktion, Testimonial), ob aus dem bisherigen Ladenhüter ein Verkaufshit wird. Wie hoch muss der Zinssatz einer Bank sein, damit der Kunde sein Geld anlegt und nicht ausgibt?

Ein Kunde erzählte mir einmal, dass er das attraktive Angebot eines mir bekannten und sehr geschätzten Kollegen vor vielen Jahren abgelehnt hatte, weil es mit einer rostigen Büroklammer (die der Kollege nie sah) zusammengeheftet war! Ich selbst erinnere mich an meine Jugend, als ich mein Taschengeld damit verdiente, indem ich samstags die Autos unserer Anwohner mit viel Elan und Freude wusch. Darunter war einmal eine Nobelkarosse, deren Besitzer eine Empfehlung bekommen hatte, wo er sein Gefährt besonders gut gereinigt bekam. Ich putzte, saugte und polierte, gab mein Bestes. Anschließend übergab ich stolz das Auto und – sah den Kunden nie wieder. Viele Monate später erfuhr ich über andere, dass der Kunde absolut unzufrieden und enttäuscht war. Was war passiert? Der Kunde stieg beim Abholen seines Autos ein und prüfte als erstes seinen Aschenbecher, den ich nicht geleert hatte, weil alle meine anderen Kunden Nichtraucher waren und ihre Aschenbecher höchstens mit ein paar Parkmünzen bestückten!

Ein interessantes Bild für das Phänomen, dass ein Reiz/Impuls, d.h. die Veränderung einer Ausgangslage, eine bestimmte Konsequenz hat (oder auch nicht), findet man in der Biologie oder präziser in der Neurophysiologie: das Aktionspotenzial.

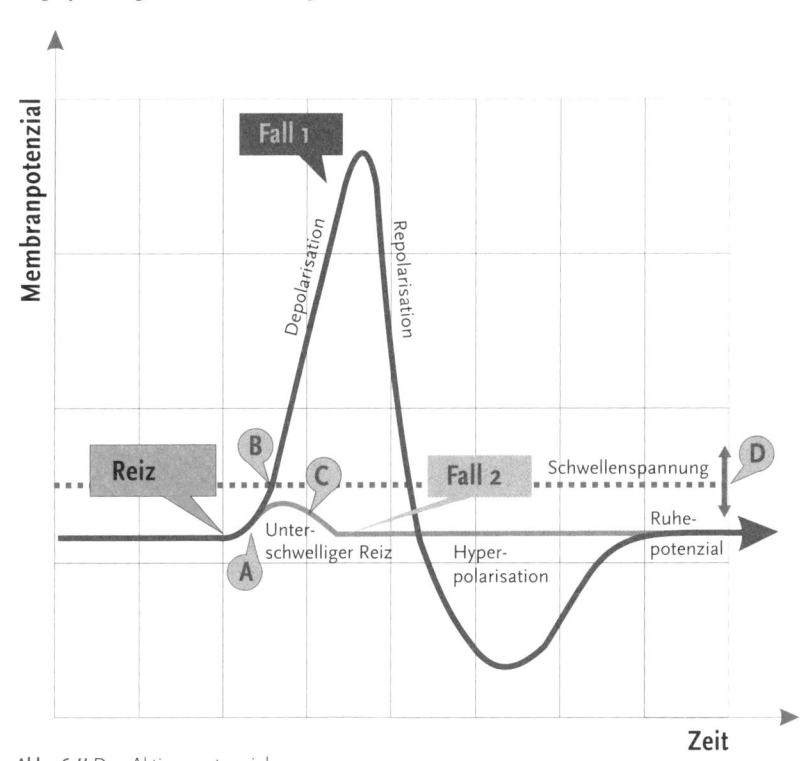

Abb. 16 // Das Aktionspotenzial

Die Ausgangssituation an der Membran einer Nervenzelle ist folgende: Die Membran hat ein Ruhepotenzial, das man z.B. mit der aktuellen Situation einer Firma vergleichen kann (Vertriebsleistung, Innovationsrate, Stand der Sanierung, Finanzsituation etc.). Trifft nun ein Reiz auf diese Membran, erhöht sich das Membranpotenzial zunächst proportional zur Stärke des Reizes (A). Ist der Reiz stark genug, um die Schwellenspannung (d.h. den »kritischen Punkt«) zu erreichen (B), löst er ein Aktionspotenzial und somit eine Erregung aus. Die Höhe der Änderung der Membranspannung ist dabei um ein Vielfaches höher als es der Reiz erwarten ließe (Fall I). Das Aktionspotenzial breitet sich entlang der Nervenfaser aus und veranlasst am Ende (an der Synapse) eine Aktion, z.B. die Kontraktion einer Muskelfaser. Ist der Reiz an der Membran zu schwach, löst er zwar eine Änderung der Membranspannung aus, da diese jedoch den Schwellenwert nicht erreicht (C), bleibt sie folgenlos!

Interessant sind in diesem Zusammenhang auch folgende Phänomene: **Senkt** oder erhöht man die Schwellenspannung (D), d.h. den »kritischen Punkt«, braucht es einen **geringeren** oder **stärkeren** Reiz, um ein Aktionspotenzial auszulösen. Man denke nur an eine Innovationsabteilung, die eine neue Führungskraft bekommen hat, die es versteht, Verantwortung an gute Mitarbeiter zu delegieren oder den Mitarbeitern die Angst vor Fehlern zu nehmen. Oder an eine überorganisierte Firma, in der auch starke Reize (z.B. eine drastische Erhöhung des Wettbewerbsdrucks) die Schwellenwerte zur Veränderung nicht tangieren.

Kurz vor Ende des »Aktionspotenzialzyklus« **unterschreitet** das Membranpotenzial sogar das Ruhepotenzial. Man spricht von **Refraktärphase**. Diese kann absolut sein, d.h. die Nervenzelle ist überhaupt nicht erregbar oder sie ist relativ, dann braucht man einen stärkeren Reiz, um ein Aktionspotenzial auszulösen. Zieht man hier Parallelen in die Wirtschaft, fallen einem schnell frustrierte Mitarbeiter oder kaufunlustige und reizüberflutete Kunden ein. Funktioniert die Refräktärphase nicht, werden in kurzer Zeit zu viele Aktionspotenziale ausgelöst und an der Muskelfaser permanent Kontraktionen ausgelöst, was sehr schnell **pathogene** Folgen haben kann: Krämpfe!

Die Kybernetik

Weder die Welt der Naturwissenschaft und Technik noch die der Sozialwissenschaften ist eine rein lineare und eindimensionale, sondern funktioniert in **Systemen,** Netzwerken, Interaktionen und Abhängigkeiten und immer in einem bestimmten Kontext. Mit diesen Phänomenen beschäftigt sich die Kybernetik (griech. kybernetes: Steuermann), die Systemtheorie und nicht zuletzt auch die Chaostheorie. Eine einfache Komponente in einem mehr oder minder komplexen System ist ein Regelkreis, d.h. ein Teilsystem, das sich durch Rückkopplung selbst regeln kann.

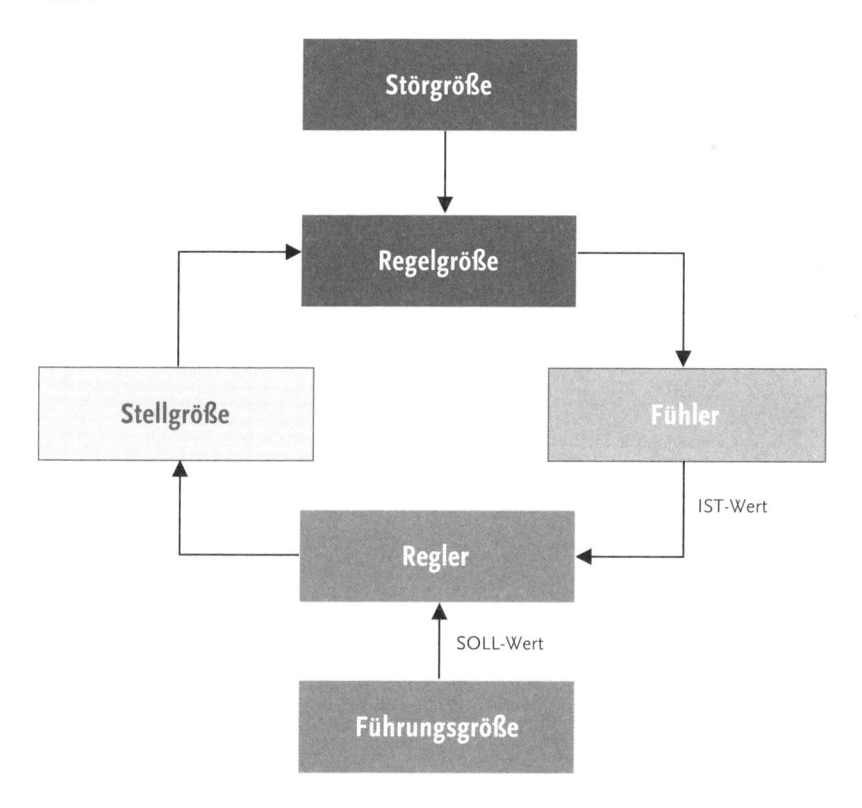

Abb. 17 // Der Regelkreis

Ein Regler (z.B. ein Mensch) regelt als Reaktion auf eine Störgröße (offenes Fenster) über eine Stellgröße (Ventil) die Regelstrecke (Heizung) und passt so die Regelgröße (Ist-Temperatur) der Führungsgröße (Soll-Temperatur) an.

Beliebig lassen sich in Unternehmen Regler (Führungskräfte), Stellgrößen (Führungsinstrumente), Regelstrecken (Abteilungen), Störgrößen (Wettbewerb), Regel- und Führungsgrößen (Performance, Innovation, Vertriebsaktivitäten, Ebit etc.) finden.

Interessant sind dabei die Rückkopplungen: Im Zuge einer **negativen Rückkopplung**[17] zwischen Regelgröße und Führungsgröße entsteht eine Selbstregulation, die einerseits positiv (Populationsgleichgewicht zwischen Räuber und Beute oder Beziehung zwischen Kunde und Lieferant) und andererseits negativ (wirtschaftliches Wachstumshemmnis) sein kann. Auch im Zuge einer **positiven Rückkopplung**[18] können positive (Zinseszins, wirtschaftliche Expansion, »lernende Organisationen«) wie negative Folgen (Schuldenfalle, Explosion, Kollaps, Krebs) entstehen.

Beide Arten von Rückkopplungen treten häufig in den gleichen Systemen auf und beeinflussen sich gegenseitig. Die positive Rückkopplung setzt Prozesse zunächst in Gang, die negative reguliert sie später: Eine Kerzenflamme wird größer, je mehr Wachs schmilzt (pos. Rückkopplung). Eine große Flamme hat aber zur Folge, dass das Wachs im Docht schneller verbrennt, wodurch der Wachsnachschub gebremst wird (neg. Rückkopplung) und die Flamme kleiner wird. Deshalb ist wichtig, dass in Systemen die negative über die positive Rückkopplung dominiert.

Auf den Grundsätzen der Kybernetik setzt auch die »Theory of Constraints« von E. Goldratt auf: Ein System wächst so lange, bis es

---

17 // Ist die Regelgröße zu hoch, so wird sie über die Stellgröße verringert, ist sie zu niedrig, wird sie über diese erhöht. Dadurch kontrollieren sich Wirkung und Gegenwirkung gegenseitig.

18 // Hier verstärken sich Wirkung und Gegenwirkung gegenseitig. Es entsteht ein »Teufelskreis«. Durch diesen Circulus vitiosus wird das System letztendlich entweder verschwinden oder explodieren. Auch die KEYNES'SCHE Theorie, dass steigende Nachfrage zu mehr Angebot, mehr Angebot zu mehr Arbeitsplätzen und damit zu mehr Nachfrage führt, ist ein Beispiel für positive Rückkopplung.

durch einen **Engpass** begrenzt wird. Bei der Analyse von Engpässen wird das Gesamtsystem betrachtet und optimiert, nicht die einzelnen Elemente. Dabei werden oft die Grundsätze der klassischen Betriebswirtschaft gebrochen. Ist ein Engpass eliminiert, wird das System durch den nächsten Engpass begrenzt.

Mathematische Funktionen

Mathematische Funktionen haben die Aufgabe, das Verhältnis von Variablen zu beschreiben und zu visualisieren. Zwei davon sind für die Darstellung vieler ökonomischer Sachverhalte sehr interessant: die GAUSS'SCHE NORMALVERTEILUNG und die PARETO-VERTEILUNG.

Die GAUSS'SCHE NORMALVERTEILUNG (nach C. F. GAUSS) ist eine Wahrscheinlichkeitsverteilung und beruht auf dem zentralen Grenzwertsatz: Eine Summe von n unabhängigen, identisch verteilten Zufallsvariablen ist im Grenzwert $n \to \infty$ normal verteilt. Zufallsvariablen können biologische Merkmale (z.B. Körpergröße), technische Sachverhalte (z.B. Messfehler) oder Persönlichkeitsmerkmale (z.B. IQ) sein, deren Verteilung (in Standardabweichungen) symmetrisch um einen Mittelwert x liegt. Im Bereich x +/- 1δ (δ = Standardabweichung) befinden sich 68,3% der Werte, im Bereich x +/- 2δ 95,5%, im Bereich x +/- 3δ 99,7% usw.

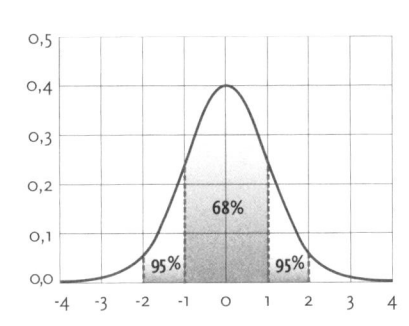

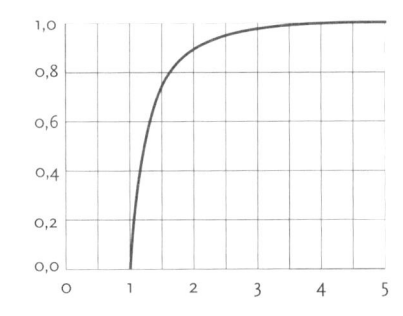

Abb. 18 // Die GAUSS'SCHE NORMALVERTEILUNG und die PARETO-VERTEILUNG

Angelehnt an diese Verteilung ist **Six Sigma,** eine Methode, Produkte und Prozesse kontinuierlich von Fehlern zu befreien. Ziel dieser Methode ist, dass die Standardabweichung der Prozessergebnisse langfristig auf jeder Seite des Mittelwertes 6-mal in die Anforderungsgrenzwerte passen. Das entspricht 3,4 Fehlern auf eine Million Prozesse (3,4 ppm) und ist die Basis einer Null-Fehler-Philosophie. 1987 bei MOTOROLA erstmals eingeführt, erlangte sie vor allem durch JACK WELSH Weltruhm, der den Konzern GENERAL ELECTRIC systematisch nach dieser Qualitätsmethode ausrichtete.

Die PARETO-VERTEILUNG (nach V. PARETO) ist auch eine Wahrscheinlichkeitsverteilung. Sie beschreibt das statistische Phänomen, dass eine kleine Anzahl von hohen Werten einer Wertemenge mehr zu deren Gesamtwert beiträgt als die hohe Anzahl der kleinen Werte dieser Menge. Beispiele dieser Regel aus dem Management sind zahlreich: 20% der eingebrachten Zeit bringen ca. 80% (genau genommen 84%) der Ergebnisse. 30% der Kostenpositionen verursachen ca. 90% der Kosten, 90% des Umsatzes werden mit ca. 30% der Kunden erwirtschaftet usw.

Beide Verteilungen sind im HR-Alltag omnipräsent, beispielsweise in der Personalentwicklung (Performance-Messung), in Vergütungsfragen, in KVP-Prozessen, in der Mitarbeiterbeurteilung u.v.m.

Die Relativität
Viele Phänomene in der Naturwissenschaft oder Technik sind nicht **absolut,** sondern hängen mehr oder weniger von anderen Einflussfaktoren oder Bezugsystemen ab. Schon G. GALILEI stellte fest, dass Eigenschaften und physikalische Größen nur relativ zu einer Beobachterperspektive definier- und messbar sind.

Auch Bewegung ist relativ zum **Bezugssystem.** Diese Erfahrung macht jeder Zugfahrer, der beim Beobachten des Zuges auf dem Bahnsteig gegenüber nicht unterscheiden kann, ob sich dieser oder der eigene Zug in Fahrt setzt.

Gerade bei der Rekrutierung von Fach- und Führungskräften trifft man sehr häufig auf relative Momente: Die Performance eines Mitarbeiters ist abhängig vom Vorgesetzten, vom Markt und der Unternehmenskultur. Die Bewertung von Kandidaten ist abhängig vom Interviewer und dessen Erfahrungen und Hintergrund. Auch die Passung eines Kandidaten zu einem Unternehmen ist relativ. Der eine Kandidat passt in ein Umfeld perfekt und ist erfolgreich, während er in einem anderen weder integrierbar noch leistungsfähig ist.

Gleichgewichtszustände

Systeme können sich in verschiedenen Gleichgewichtszuständen befinden. Diese unterscheiden sich dadurch, dass sie auf Faktoren, die dieses Gleichgewicht stören, unterschiedlich reagieren. Manchmal haben kleine Veränderungen (nahezu) keine Folgen (1), manchmal große (2), manchmal welche, die zwar Bewegung erzeugen, jedoch keine Änderungen der Ausgangslage (3).

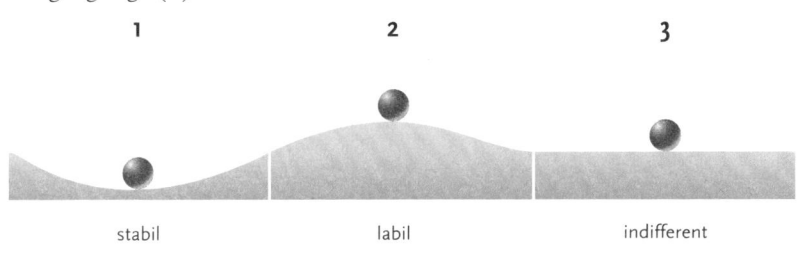

Abb. 19 // Gleichgewichtszustände

Wenn man die aktuelle Situation eines Unternehmens oder Momente in Karriereverläufen betrachtet, stellt man sich häufig die Frage, wie stabil oder labil die jeweiligen Zustände gerade sind: Steht ein Unternehmen gerade vor einem Quantensprung oder ein Kandidat kurz vor dem Karriereabsturz, ist eine Kundenbeziehung trotz aktueller Belastung stabil, ändert sich ein Führungsstil, aber ohne Konsequenzen?

Mathematische Fehler

Aus der Wahrscheinlichkeitsstatistik kennt man zwei Fehlerarten: den Fehler I. Art und den Fehler II. Art.

Prüft man eine LKW-Ladung Äpfel per Stichprobe, so lautet die Null-Hypothese: Die LKW-Ladung ist in Ordnung. Zur Prüfung zieht man 5 Äpfel. Wenn 2 oder mehr davon faul sind, wird die ganze Ladung zurückgeschickt. Folgende statistische Fehler können dabei auftreten:

Ergebnis: 2, 3, 4 oder 5 der gezogenen Äpfel sind faul.
Fehler I. Art: Ablehnung der Ladung, obwohl dies vielleicht die einzigen faulen Äpfel auf dem LKW waren. Das heißt die Hypothese wird **fälschlicherweise abgelehnt**.
Ergebnis: Keiner oder einer der gezogenen Äpfel ist faul.
Fehler II. Art: Annahme der Ladung, obwohl vielleicht die Hälfte der Ladung faul ist. Das heißt die Hypothese wird **fälschlicherweise angenommen**.

In Analogie dazu kann beispielsweise der Berater einen guten Kandidaten im Vorfeld fälschlicherweise ablehnen (den sieht dann sein Kunde nie!) oder einen schlechten Kandidaten fälschlicherweise empfehlen.

Psychologische Phänomene
Ich bin kein Anhänger der heute so modernen »Management-Psychologisierung«, nicht zuletzt auch deshalb, weil viele Begriffe und Phänomene der Sozial- und Arbeitspsychologie aus der Beobachtung pathologischer Erscheinungen entstanden sind und wir es im Management in der Regel mit psychisch gesunden Menschen zu tun haben. Dennoch kann man einige interessante Phänomene beobachten, die in der Psychologie als Theorien oder Effekte formuliert sind:

1. Prinzip der selektiven Wahrnehmung
Die Wahrheit liegt im Auge des Betrachters. Phänomene werden nie objektiv wahrgenommen, sondern stets in Abhängigkeit der bisher gemachten Erfahrung und Erwartungen des Beobachters (»Wahrnehmungsfilter«). Ein Vorgesetzter, der einmal ein Studium abgebrochen hat, beurteilt einen Studienabbrecher anders als ein Harvard-Absolvent.

Bei der Wahrnehmung spielen auch externe Einflussfaktoren eine Rolle, wie das **Priming** (J. Bargh) zeigt: Zwei Gruppen von Testpersonen machen Satzbau-Übungen. Gruppe I mit guten Wörtern (respektieren, würdigen, geduldig etc.), Gruppe II mit schlechten (aggressiv, ärgern, stören etc.). Nach den Übungen sollen beide Gruppen ihre Ergebnisse beim Testleiter abgeben, der jedoch immer mit einem Kollegen im Gespräch (das ist die provokative Testsituation) ist. Gruppe II platzt im Schnitt nach 5 Minuten ins Gespräch, während über 80% der Gruppe I das Gespräch überhaupt nicht unterbricht!

Eng mit dem Priming-Effekt verbunden ist der **Halo-Effekt** (E. Thorndike): Einzelne Eigenschaften einer Person erzeugen einen Gesamteindruck, der die weitere Wahrnehmung überstrahlt (griech. hálos: Lichthof). Von einem freundlichen Manager wird angenommen, dass er auch gute Leistungen erbringt, Gewichtigen unterstellt man schnell Gutmütigkeit, Kandidaten, die in einem anderen Unternehmen einmal eine herausragende Leistung erbracht haben, werden schnell als sehr kompetent eingeschätzt.

2. Kognitive Dissonanz
(L. Festinger, 1957)

Menschen streben ein Gleichgewicht in ihrem kognitiven System an. Differenzen zwischen persönlicher Einstellung (»Ich rauche gerne«) und erfahrenem Wissen (»Rauchen kann tödlich sein«) werden abgebaut (»Mein Opa rauchte und wurde 80 Jahre alt«). Informationen, die dazu geeignet sind, Vorannahmen zu widerlegen oder zu verstärken, werden ausgeblendet oder verstärkt aufgenommen. Können wir uns einen 135 Kilogramm schweren Hobby-Boxer wirklich als hochintelligenten Manager vorstellen?

3. Assimilations-Kontrast-Theorie
(D. Stahlberg, 1958 und M. Sherif/C. Hovland, 1961)

Wenn Menschen andere beurteilen, verwenden Sie ihre Einstellung als Anker. Der dargebotene Reiz wird in Bezug auf den Anker als ähnlicher bzw. unähnlicher Reiz (als nach objektiver Messung) aufgenommen. Zum Beispiel wird lauwarmes Wasser als kalt bzw. warm empfunden, je nachdem, ob die Hand vorher in warmem bzw. kaltem Wasser war. Oder ein Kunde sagt nach einem Interview mit einem sehr zurückhaltenden Kandidaten der Firma X: »Ich hatte schon einmal einen Kandidaten der Firma X eingestellt, der im Bewerbungsgespräch so ruhig war. Ich musste ihn noch in der Probezeit entlassen« – und lehnt ihn ab.

4. Primacy-Effekt

Der erste Eindruck ist entscheidend! Dieser Effekt basiert auf einer Eigenschaft unseres Gedächtnisses: An früher eingehende Erinnerungen kann man sich besser erinnern als an später eingehende Informationen.[19]

Gerade bei der Präsentation von Kandidaten in Bewerbungsinterviews ist dieses Phänomen häufig zu beobachten. Eine erste Sympathie erhöht die Einstellungswahrscheinlichkeit drastisch, eine anfängliche Antipathie lässt sich nur schwer kompensieren. Dies hängt damit zusammen, dass der Begutachter nur noch Augenmerk auf Themen legt (und entsprechende Fragen stellt), die seine (vorgefasste) Meinung verstärken. Dadurch entsteht oft der so genannte Tunnelblick (vgl. Punkt 2), wie folgendes Beispiel zeigt: W. HARDING, ein einflussreicher amerikanischer Zeitungsverleger, sah aus wie ein perfekter Senator, war jedoch nicht qualifiziert, spielte und trank, hatte kein politisches Profil. Er machte jedoch – weil viele Parteifreunde und Wähler der Meinung waren, er sehe aus wie ein guter Senator – stufenweise seine politische Karriere und wurde (der wahrscheinlich schlechteste) Präsident der USA!

5. Bewusste Entscheidungen oder Bauchgefühl

Fach- und Führungskräfte entscheiden, ob sie sich auf eine Anzeige bewerben bzw. auf eine Ansprache reagieren oder nicht, Personalberater entscheiden, ob sie mit einem Kandidaten ein Interview führen wollen

---

19 // Dem Primacy-Effekt entgegen steht der Rezenz-Effekt, bei dem später eingehende Informationen (z.B. letzter Kandidat in Vorstellrunden) besser aufgenommen werden.

oder nicht, Unternehmen entscheiden sich für oder gegen einen Kandidaten, Kandidaten entscheiden sich für oder gegen eine Firma bzw. zwischen mehreren. Die Arbeit von Fach- und Führungskräften besteht, wie das gesamte Leben, aus unendlich vielen Entscheidungen.

Diese Entscheidungen fallen – je nach Wichtigkeit und Konsequenz – auf der Basis einer soliden Analyse und einem systematischen Abwägen der Argumente – oder eben gerade nicht! Nach M. GLADWELL und einigen modernen Neurophysiologen und Psychologen kann man genauso gut aus dem Bauch entscheiden, denn unser Gehirn hat zwei verschiedene Strategien, um Situationen zu verstehen: Die eine läuft logisch und zielgerichtet, die andere sekundenschnell und unbewusst ab.

Beabsichtigt ein Autofahrer an der nächsten Ampel abzubiegen, prüft er seine Geschwindigkeit, bremst, analysiert die Farben der Ampel, setzt den Blinker, schaut sich um und biegt endlich ab. Rast ein anderes Auto auf ihn zu, reißt er das Lenkrad blitzschnell herum. Beide Vorgänge werden von unterschiedlichen Gehirnregionen gesteuert.

M. GLADWELL schildert in seinem Buch BLINK! (2005) folgende Beispiele für schnelle und präzise Bauchentscheidungen:
- Nach der Videoanalyse eines 15-minütigen Gesprächs eines Ehepaares kann man mit 90%iger Wahrscheinlichkeit spontan und ohne eine fundierte Analyse des komplexen Verhältnisses zwischen Mann und Frau sagen, ob das Ehepaar in 15 Jahren noch verheiratet sein wird oder nicht.
- Patienten verklagen trotz offensichtlicher Schlamperei fast nie den schuldigen Arzt, wenn er ihnen sympathisch ist. Beobachten Testpersonen Arzt und Patient wenige Sekunden per Video (auch ohne Ton) im Gespräch, können sie sehr sicher und spontan sagen, in welchem Falle der Patient den Arzt verklagt. Sie wissen nichts über die Qualifikation des Arztes, den Operationsverlauf etc.!
- Speed-Dating: Menschen brauchen nur wenige Sekunden bis Minuten, um beim ersten Kennenlernen zu wissen, ob sie einen anderen Menschen wiedersehen möchten. Das wird unbewusst entschieden

und ist völlig unabhängig von der ursprünglichen Vorstellung vom Idealpartner bzw. dessen »fundierter Analyse«.

5.2 Kompetenz I: Der Werdegang
Rund um das Curriculum Vitae

Der Werdegang ist als Teil der persönlichen **Biographie** die Visitenkarte des Kandidaten und eine Selektionsspielwiese für Personaler. Neben der Prüfung der fachlichen Qualifikation (gegebenenfalls durch einen Spezialisten aus der Fachabteilung) ist der Check der CV-Basics eine einfache Übung. 90% der Informationen kann man oft schon dem formalen Lebenslauf entnehmen oder über ein kurzes Telefoninterview vervollständigen. Bei der Analyse von Lebensläufen kommt es wie bei einem guten Essen eher auf die Kombination, die Zutaten, die Feinaromen, das Maß an Zuviel oder Zuwenig oder das Quäntchen Salz an, das ein Gericht perfekt macht.

Ganze Generationen von Personalleitern stürzten sich auf die **Formalia** von Lebensläufen. In einem Zeitalter, in dem Kandidaten in einer Antwortmail auf eine Internetanzeige auf eine ausführliche persönliche Homepage verweisen oder dem Gegenüber ihren CV per USB-Stick (oder in 5 Jahren vielleicht mit RFID-Code subkutan mit sich geführt) übergeben, über Web-Portale ihre Lebensläufe verlinken oder sich gar nicht bewerben, sondern zunehmend angesprochen werden, tritt die Bedeutung der Form etwas in den Hintergrund (Ausnahmen sind besonders kreative Branchen wie Werbung, Architektur, Industriedesign etc.).

Auch das AGG, im Zuge dessen Kandidaten Alter, Nationalität und sonstige Basisinformationen nicht mehr nennen, macht eine Selektion nicht einfacher. Dennoch wird auch heute niemand eingestellt, der nicht ins Raster passt – es macht nur mehr Arbeit!

Wichtiger als die Frage, ob das Passbild an der richtigen Stelle klebt, ist die **Stringenz** des Werdegangs: Gibt es einen »roten Faden«, ist er geradlinig, weist er Unterbrechungen (Top-Manager werden oft ein oder manchmal sogar mehrere Jahre freigestellt, ohne dass man es im Lebenslauf erkennt!) auf und warum, gibt es Phasen der Arbeitslosigkeit, die im CV elegant vertuscht werden, wie sind die Übergänge zwischen den beruflichen Stationen, gab es Sabbaticals und warum (z.B. Geburt des Kindes oder Burn-out-Syndrom) und wie wurden sie genutzt (z.B. Selbstfindungstour durch die Anden oder Executive MBA in St. Gallen)?

Zwischen den Zeilen kann man gut erste Schlüsselqualifikationen und das ein oder andere Persönlichkeitsmerkmal erkennen – freie Bahn für HR-Interpretationen. Diese sind jedoch stark abhängig vom Betrachter (vgl. Kap. 5.1.3): Ein Manager des zweiten Bildungswegs beurteilt einen Kandidaten gleicher Qualifikation anders (»Diesen steinigen Weg kenne ich«) als ein INSEAD-Absolvent (»Ist der Kandidat nicht etwas zu bodenständig, warum hat er diesen Umweg genommen und Zeit verloren?«). Ein Manager mit einem Studienabbruch im CV wird einen Kandidaten mit demselben Malheur [20] anders beurteilen (»Misserfolge

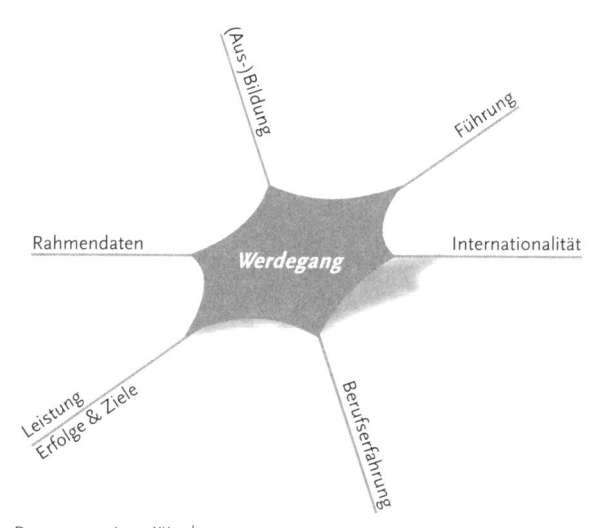

Abb. 20 // Die Parameter eines Werdegangs

20 // Manchmal hört man von Kandidaten auf die Frage »Warum« die provokative Gegenfrage: »Ist ein abgebrochenes Studium schlechter als gar keines«?

formen Menschen«, »Mir ist ein Kandidat mit Lebenserfahrungen lieber als einer mit einer Kamin-Karriere«) als einer mit einem elitären Top-Werdegang.

Haben etwa Beurteiler und Kandidat beim gleichen Professor studiert oder promoviert, findet oft ein sehr verkürzter Beurteilungsprozess statt: »Wer aus diesem Stall kommt, weiß, was Innovation ist.« Viele Antworten werden dann als passend antizipiert.

Auch die Begleitumstände um die einzelnen Etappen des Werdegangs sind wichtig. Hier können vermeintliche Negativa schnell zu positiven Persönlichkeitsmerkmalen (und umgekehrt) werden: Wenn jemand sein Studium wegen (plötzlicher) Familiengründung zugunsten seiner sozialen Verantwortung aufgegeben und berufsbegleitend sein Bildungsdefizit später kompensiert hat oder wie BILL GATES (MICROSOFT) oder STEVE JOBS (APPLE) lieber ein Unternehmen gründen als Theorie büffeln wollte, stellt sich das Bild anders dar als bei einem Kandidaten, der dem Universitätsstudium intellektuell nicht gewachsen war und auf verschultere FH- oder BA-Bildungswege umgeschwenkt ist.

5.2.1 (Aus-) Bildung
Startschuss für lebenslanges Lernen

Mit der **(Aus-) Bildung** legt man den **Grundstein** für seinen individuellen Karriereverlauf, sorgt als Unternehmen mit der **Weiterbildung** für **lernende Organisationseinheiten** und begegnet als Volkswirtschaft mit **lebenslangem Lernen** den demographischen Folgen der **Überalterung**.

Die Phase der (Aus-) Bildung lässt sich in drei Abschnitte segmentieren: vor, während und nach dem Studium. Die Bildung **vor dem Studium** – Kindheit, Schule und erste außerschulische Erfahrungen – prägt einen Menschen ungemein. Entsprechende Studien und ihre Ergebnisse füllen Regale in den Bibliotheken von Soziologen, Pädagogen und Psychologen.

Die erste signifikante Information eines Werdegangs ist die **Qualität der Schulbildung,** wenn auch nicht unmittelbar entscheidungs- und karriererelevant. Dennoch sagt die Note des höchsten Schulabschlusses schon einiges aus: War es eine Faulheits-3,5, die durch einen Top-Abschluss im Studium wettgemacht wurde, war es eine 1,0, die sich durch alle weiteren Abschlüsse zieht? War es eine mittelmäßige 2 über alle Fächer oder eine permanente 1 in Mathe und Physik, flankiert durch eine konstant knappe 4 in Geographie und Geschichte, die zu einem technischen Studium geführt hat? Warum lassen die Schulnoten gegebenenfalls keine Spitzenleistung erkennen? Ist »der Knoten erst später geplatzt«, gab es außerschulische Schwerpunkte außer »Disco und Mopeds«: Wurde semiprofessionell Sport betrieben, die erste Band gegründet oder bereits intensiv gejobbt, um die Hobbys zu finanzieren?

Wurde ein »klassisches« Abitur mit 18 gemacht oder erst nach einer »Ochsentour« über Haupt-/Realschule und anschließender Berufsausbildung, weil es das familiäre Umfeld nicht anders kannte? Wurde es in einem bayerischen Benediktiner-Internat oder in einem Bremer Privatgymnasium absolviert?

Gab es bereits in der Schule »Auslandseinsätze« – Austauschprogramme oder familienbedingte Umzüge? Wurde gar eine High School in den USA oder die deutsche Schule in Bombay oder São Paulo besucht?

Provokative Fragen, die ich gerne in Richtung Bildungsabschluss und -note stelle. »Fleiß oder Intelligenz?« »Kampf oder Spaß?« bringen häufig interessante Antworten.

Auch eine **Berufsausbildung** prägt einen jungen Menschen. Oft sind Studenten mit einer solchen Basis sogar die »besseren«, weil fleißigeren Studenten. Sie wissen genauer, für welche beruflichen Ziele sie studieren und auch, dass ein Arbeits-/Studientag um 7.00 Uhr beginnen kann. Sie haben häufig auch einen Wissensvorsprung vor ihren Kommilitonen, die direkt nach dem Abitur an die Hochschule kommen, sei es die Krankenschwester, die Medizin studiert oder der ausgebildete Banker, der sich im BWL-Studium mehr Wissen aneignen möchte.

Sehr prägend für das Berufsleben eines Menschen ist sicherlich das **Studium,** manchmal auch eine operativere »Weiterbildung« zum Meister oder Techniker. Ein erster Anhaltspunkt ist zunächst das Studienniveau:

VWA, BA, FH und Universität stufen den Grad an »Akademität« bzw. »Verschulung« ab. Gab es einen Wechsel von einer Fachhochschule zur Universität, um die Lerninhalte wissenschaftlich zu vertiefen oder aus Not und Erfolglosigkeit gar umgekehrt? Warum wurde das Studienniveau gewählt, was hat das Niveau gegebenenfalls limitiert? Warum war es nicht höher: Respekt oder Praxisnähe, Verschulung oder Schnelligkeit, fehlende Mobilität oder Bequemlichkeit?

Welches Studienfach wurde gewählt oder wurden sogar sehr verschiedene Fächer studiert? Gehen die Fächerkombinationen in eine Richtung oder sind Sie komplementär? Sind sie breit angelegt oder eher tief, gab es sprunghafte Wechsel der Studienfächer, wurden Hochschulen gewechselt, sind die Kombinationen exotisch und dem Interesse folgend (z.B. Medizin und Philosophie, Betriebswirtschaft und experimentelle Physik) oder eher etabliert und geradlinig? Wie lange dauerte das Studium? War es schnell und zielstrebig oder eher langwierig und orientierungslos?

An welchen Institutionen wurde studiert? In einer großen, anonymen Universität oder einer kleinen Fachhochschule, an einer renommierten Eliteuniversität oder einer eher mittelmäßigen Bildungsanstalt, an internationalen Standorten oder in mütterlicher Heimatnähe?

Gab es interessante Praktika, bei denen man festgestellt hat, was man später beruflich verfolgen wollte, oder auch das, was man auf keinen Fall machen wollte? War das Praktikum im selben Unternehmen, in dem auch der Vater oder die Mutter arbeitete oder war es in der Traumfirma hart erkämpft? Waren die Praktika schon international?

Wie war die Studienleistung? Spitze, weil man endlich seine Vorlieben vertiefen konnte oder mittelmäßig, weil schwierig? Hat der Kandidat im Studium seinen vollen Ehrgeiz ausgelebt oder dieses »nur« absolviert? Warum war die Leistung nicht besser oder gar top, was definierte das Limit, war er am Limit?

Was passierte neben dem Studium? Wurde gejobbt und musste man dies, weil man es selbst finanzieren musste oder wollte? Oder war man finanziell beweglicher und konnte so viel mehr Zeit ins Studium investieren? In welchen Bereichen wurde gejobbt? Ging der Job in einer Werbeagentur inhaltlich parallel zum Marketingstudium, war es fleißiges Kellnern oder hat man in der Nachtschicht an der Drehmaschine die Basis zum Einstieg in die Produktion gelegt?

Gab es außeruniversitäres Engagement? In der Jugendarbeit, bei AIESEC, in der selbst gegründeten studentischen Unternehmensberatung oder beim Sport?

Ich möchte diesen Passus nicht falsch verstanden wissen. Es gibt in Deutschland nicht oder zumindest selten den 25-jährigen mehrsprachigen Universitätsabsolventen mit zwei Praktika und einem Parallelabschluss im Ausland, der auch sportlich Spitzenleistung erbringt und gleichzeitig Vorstand einer karitativen Einrichtung ist. Aber einige Informationen über ein breites Interessenspektrum, intellektuellen Tiefgang, Ehrgeiz oder soziales Engagement liefern diese Fragen schon.

In einer Wissensgesellschaft hören das Lernen und die berufliche Bildung selten mit dem Abschluss von Berufsausbildung oder Studium auf. Entsprechend unterscheiden sich Werdegänge diesbezüglich auch sehr deutlich: Wurde in einer Promotion ein Spezialgebiet akademisch vertieft? War sie die Fortsetzung einer sehr guten Studienleistung oder wurde sie als Alternative zur Arbeitslosigkeit ergriffen? Wurde in der Promotion das Thema der Diplomarbeit ausgebaut oder wurden im Ausland neue Erkenntnisse gewonnen? Dokumentiert die Promotion akademische Spitzenleistung, war sie grundlagenorientiert für die »wissenschaftliche Schublade« oder sehr praxis- und industrienah?

Wurden in einem Zusatzstudium komplementäre Inhalte erworben, beispielsweise ein MBA-Abschluss als Ergänzung eines technischen Studiums? War es ein inflationärer »Wald- und Wiesen-MBA« oder ein internationaler Abschluss an einem renommierten Spitzeninstitut?

Gab es wichtige, fachspezifische Weiterbildungen oder Investitionen in Managementqualifikationen? DGQ-Ausbildungen oder Six-Sigma-Belts für Qualitätsmanager, Kaizen- oder TPS-Kurse für Produktionsmanager oder eine intensive und langwierige Facharztausbildung? Wurde in eine General Manager-Ausbildung investiert, z.B. in ein Executive Management-Programm an der HSG oder im INSEAD? Warum wurden diese »Vertiefungen« gewählt: aus Neugier, wissenschaftlichem Reiz oder eher aus karrieretaktischen Gründen für die Visitenkarte?

5.2.2 Berufserfahrung
Große Erfolge erreicht man durch kleine Schritte

Bei der Besetzung von Führungspositionen ist eine der zentralen Fragestellungen die bisherige Berufserfahrung und die entsprechende berufliche Entwicklung. Sozialwissenschaftler und Sozialgeographen sprechen hier auch von **Karrieremobilität**. Für den Personalberater bzw. den Vorgesetzten ist vor allem das Wo, Was, Wie (lange) und Warum interessant.

Ein Unternehmen, in dem ein Manager arbeitet und die Position, die er innehat, prägen ihn, egal ob es der »erste Job« nach dem Studium, die erste Führungsaufgabe oder die erste General Manager-Position ist. Deshalb sind Strukturinformationen zu diesen Unternehmen (vgl. auch Kap. 4) sehr wichtig: Wie groß waren diese Unternehmen? Waren sie durchweg klein, waren es arbeitsteilige Konzerne oder wechseln sich kleine und große Firmen ab und warum? In welchen Branchen (mit ihren unterschiedlichen Taktzahlen und Kulturen, vgl. Kap. 4.2) bewegte man sich?

Wie international und interkulturell waren die einzelnen beruflichen Stationen und wie entscheidend ist dies für die zu besetzende Position? Wurden die bisherigen Unternehmen betont hierarchisch geführt oder in einer Matrix, war es ein Start-up oder Spin-off, eine Familien-AG oder ein zentralistischer Konzern? Wie professionell wurde dort gearbeitet: im Vertrieb, im Controlling, im Innovationsmanagement? Wie sah die Unternehmenskultur aus, wie wurden Werte gelebt, wie viel wurde sinnvoll in Weiterbildung investiert, wie groß waren die Freiheitsgrade und wie wurden sie genutzt?

Analysiert man die einzelnen beruflichen Schritte und Stationen eines Managers, erkennt man sehr schnell, ob er als Spezialist oder als Generalist gearbeitet bzw. sich das eine aus dem anderen entwickelt hat. Wie ähnlich waren die Stationen in Sachen Branche, Kundenfokus, Technologie? Wie war die berufliche Wechselfrequenz, die auch sehr stark von der Unternehmenskultur abhängt: Während die meisten Unternehmen erwarten, dass man mindestens drei bis fünf Jahre auf einer Position bleiben sollte, um nachhaltigen Erfolg zu demonstrieren, ist in anderen (vor allem US- und investorgeführten) Unternehmen alle zwei Jahre ein (interner) Wechsel fällig: »Grow or Go« und »Up or Out« sind die Devisen und fünf Jahre in demselben Job lässt eher auf Erfolglosigkeit, fehlende Flexibilität und Immobilität schließen. Hier ist eine fundierte Analyse angebracht, denn so mancher Karrierist ist auf einer Position zwei Jahre lang zufällig erfolgreich oder »glücklicherweise« unbemerkt nicht erfolgreich!

Waren die Wechsel der beruflichen Positionen (innerhalb und zwischen den Unternehmen) mit Umzügen verbunden? Waren diese national, international oder gar interkontinental? Wie hoch war der Reiseanteil in den jeweiligen beruflichen Stationen?

Fanden die Wechsel innerhalb eines Unternehmens statt oder wurde jedes Mal die Firma gewechselt? Waren diese permanent mit einer beruflichen Verbesserung verbunden oder waren es (erklärungsbedürftige) Sidesteps oder gar (vernünftige) Rückschritte? Auch hier muss man interkulturelle Unterschiede berücksichtigen: Während es in den USA üblich ist, einen neuen Karriereabschnitt auch mal eine Position »tiefer« zu starten, wird ein solcher »Rückschritt« beispielsweise in Deutschland eher vermieden und von Personalern gerne massiv hinterfragt.

Gab es Bereichswechsel, z.B. von der Entwicklung in den Vertrieb oder von der Produktion ins Qualitätswesen? Waren diese sprunghaft?

Ist die momentan diskutierte Position die angestrebte Zielposition der Karriere (vgl. auch Kap. 5.5) oder nur ein Zwischenschritt? Wenn ja, für wie lange? Oder hat der Kandidat gar bereits seinen beruflichen Zenit überschritten?

Personalentwicklungspraktiken von Unternehmen und dementsprechend die Karriereverläufe von Fach- und Führungskräften zeigen häufig Momente des »Peter-Prinzips«: Mitarbeiter werden so lange befördert, bis sie überfordert sind.

> § 1 In einer Hierarchie neigt jeder Beschäftigte dazu, bis zu seiner Stufe der Unfähigkeit aufzusteigen.
> § 2 Nach einer gewissen Zeit wird jede Position von einem Mitarbeiter besetzt, der unfähig ist, seine Aufgabe zu erfüllen.
> § 3 Die Arbeit wird von Mitarbeitern erledigt, die ihre Stufe der Inkompetenz noch nicht erreicht haben.

Abb. 21 // Das Peter-Prinzip (L. PETER UND R. HULL, 1969)

Da jedoch nicht alle Mitarbeiter gleichzeitig befördert werden, funktionieren Unternehmen trotzdem und da dieses Phänomen die meisten Unternehmen gleichermaßen betrifft, ist es kein absoluter Wettbewerbsnachteil!

Die **Beförderung** eines Mitarbeiters sollte das Ergebnis von Leistung und Kompetenz unter Berücksichtigung seines Potenzials (vgl. Kap. 5.5) sein. Die Realität sieht jedoch oft anders aus. Hier werden gute Mitarbeiter befördert, weil man befürchtet, sie könnten sonst kündigen, Top-Verkäufer werden aus Wertschätzung zu Vertriebsleitern, in der Hoffnung, sie könnten ihre Vertriebstalente multiplizieren, aus Entwicklungsingenieuren werden Innovationsmanager in der Hoffnung, dadurch ihre Innovationspotenziale freizulegen oder zumindest zu binden. Vergessen wird dabei häufig die Führungseignung und das Potenzial. Im extremen Fall sind interne Beförderungen sogar das Ergebnis »alter Seilschaften« oder erfolgen aus Mangel an Alternativen. Diese fehlen häufig deshalb, weil man nicht oder nicht professionell am Markt nach Top-Kandidaten sucht. Hier hört man schnell das Argument: »Unser interner Kandidat kennt wenigstens unsere Produkte, Kunden und Abläufe.«

Manchmal ist der interne wie auch der externe Kandidat auf seiner **heutigen Position** deutlich besser aufgehoben als auf der, auf die er sich beworben hat. Im Extremfall hat er bereits heute eine Position inne, die seine beruflichen Fähigkeiten übersteigt. Häufig trifft man auf Kandidaten, die z.B. sehr gute Key Account Manager waren (und heute noch wären). In ihrem Unternehmen oder durch einen nächsten Karriereschritt werden sie Vertriebsleiter, sind dort jedoch nicht erfolgreich, was sie (natürlich) nicht mit ihrer Leistung verbinden. Mit dem größten Selbstverständnis bewerben sie sich dann auf eine andere Vertriebsleitung oder gar als »konsequenter nächster Schritt« auf eine Geschäftsführungsposition. Stellt man solche Manager ein (die Gehaltsforderung liegt dann oft 200% über dem eigentlichen **Wert** des Kandidaten!), endet das zwangsläufig in einer Katastrophe – für das Unternehmen, das viel Zeit und Geld in die Rekrutierung investierte wie für den Kandidaten, der weit oben auf der Karriere-Leiter hängt und die Sprossen unter ihm für einen Rückschritt abgebrochen hat.

Gerade in Zeiten und Branchen, in denen sehr schnell befördert wird und Geld kaum eine Rolle spielt, trifft man häufig auf diese Kategorie Kandidaten: Zum Beispiel wurden im IT-Hype der Jahre 2000 und 2001 aus IT-Anfängern schnell mal Vice Presidenten, weil man keine anderen Manager hatte und die Kunden die Fehler der Youngster tolerierten. Aus Berater-Trainees machte man kurzerhand Seniorberater, weil sie die üblichen Honorargrenzen schnell überschritten. Ähnliche Phänome gibt es auch in der Industrie, z.B. im Automotive-Business, wo aus einem Teil-Projektleiter schnell mal ein Key Account Manager gekürt wird, wenn Alternativen fehlen. Besonders rapide auf- (aber auch ab-)wärts kann es karrieretechnisch in US-Unternehmen gehen, wo mit Titeln und Gehältern manchmal fast inflationär umgegangen wird.

5.2.3 Führung
One for all – All for one

»Wenn Du ein Schiff bauen willst, so trommle nicht Menschen zusammen, um Holz zu beschaffen, Werkzeuge vorzubereiten, Aufgaben zu vergeben und die Arbeit einzuteilen, sondern lehre die Menschen die Sehnsucht nach dem weiten endlosen Meer.« (ANTOINE DE SAINT-EXUPÉRY)

Führung (engl. Leadership) ist die hohe Kunst des Managements und fast so individuell wie die Führungskräfte selbst. Ich betrachte hier vor allem die personalisierte Führung, d.h. die Führung, die von Führungskräften praktiziert wird. Führung findet in Unternehmen jedoch auch unabhängig von Führungskräften statt, z.B. durch Anreizsysteme, Organisationsstrukturen, die Unternehmenskultur (vgl. Kap. 4.3) etc.

Fragt man Absolventen an Universitäten oder Mitarbeiter bei Zielvereinbarungsgesprächen, was sie sich für ihre Karriere vorgenommen haben, so bekommt man in der Regel zu hören: »Ich möchte Führungskraft werden«, obwohl andere Laufbahnmodelle (z.B. als Spezialist, Projektleiter o.a.) häufig geeigneter wären.

Besonders in Zeiten, in denen sich Märkte und Unternehmen sehr schnell ändern, braucht es besonders ausgeprägte und teilweise auch andere Führungseigenschaften und -qualifikationen als in »Verteilermärkten«, wie wir sie aus den 70er und 80er-Jahren kennen. Das Erspüren von Chancen, das Antizipieren von Möglichkeiten, schnelle Entscheidungen, Mut und eine etablierte Fehlerkultur erleichtern den Wirtschaftslenkern das Manövrieren in einem Umfeld, in dem es mehr Chancen – und mehr Risiken gibt. Die Qualifikationen eines guten Piloten zeigen sich auch erst bei schlechtem Wetter, die eines Chirurgen erst bei einem schwierigen Hirntumor.

Gute Führung braucht zunächst einmal zwei Dinge: gute Führungskräfte und gute Mitarbeiter. Das eine funktioniert nur bedingt ohne das andere. Auch ist die Art und Weise von Führung sehr stark vom Umfeld abhängig. Branche, Kultur, Unternehmenssituation sowie Qualifikation und Anzahl der zur Verfügung stehenden Mitarbeitern: Sie ist in einer chinesischen Produktionsstätte anders als in einer New Yorker Werbeagentur, in einer Sanierungsphase anders als bei einem anstehenden IPO, mit selbstständigen und erfahrenen Mitarbeitern anders als mit angelernten Kräften. Von diesem Umfeld hängt es auch ab, wie operativ und wie strategisch eine Führungskraft arbeiten kann bzw. muss. Eine römische Weisheit sagt zwar »De minimis non curat praetor« (Entscheider halten sich nicht mit Kleinigkeiten auf), aber auch im alten Rom dürfte dieser Idealzustand nicht immer erreicht worden sein.

Eine gute Führungskraft muss heute Grundeigenschaften haben, die auch schon vor 1000 Jahren zur Führung von Menschen gebraucht wurden:
- Persönlichkeit
- Wissen
- Erfahrungen
- Motive & Werte
- Methode
- Intelligenz

Sind diese Faktoren vorhanden, weisen die Führungskräfte Merkmale auf, die man auch von Marken kennt: Konstanz, Vertrauen, Sicherheit und Orientierung.

In Zusammenhang mit Führung wird oft das Wort Motivation gebraucht, genau genommen die Fähigkeit, Mitarbeiter zu motivieren. Ich vertrete die Meinung, dass man Mitarbeiter (wenn überhaupt) nur bedingt motivieren kann. Was man jedoch sehr wohl kann, ist Motivation zu ermöglichen, indem man für Ziele sorgt und die richtigen Rahmenbedingungen schafft, damit sie mit Freude Leistung erbringen können. Einem Jagdhund kann man auch nicht die Passion beibringen, wohl aber die Gelegenheit zur Jagd bieten und dadurch Jagderfolge ermöglichen!

Stimmen die Rahmenbedingungen, kann man mit gewöhnlichen Mitarbeitern und Managern (diese stellen nun mal die Mehrheit der Belegschaft!) außergewöhnliche Leistungen vollbringen.

Eine vereinfachte Formel für Führung könnte heißen:

> führen = fordern x wertschätzen x fördern x kontrollieren x honorieren.

Der Erfolg von Unternehmen und deren Managern hat bekanntlich viele Väter und basiert auf unterschiedlichen **Führungsstilen** (vgl. auch Kap. 4.3.1). In der Literatur findet der Leser für das entsprechende Spektrum viele Adjektive: autoritär, patriarchalisch, kooperativ, deligierend, demokratisch. Beliebig kann man dieses Spektrum auch individuell (z.B. mit diktatorisch oder esoterisch) ergänzen.

Vergleicht man die Führungsstile von Kurt Masur und Herbert von Karajan (†), so unterscheiden sich beide sehr deutlich. Beide sind jedoch sehr erfolgreich. Der eine eher spontan, emotional und pathetisch, der andere eher systematisch, methodisch präzise, diszipliniert und organisiert. Während der Konzerte der beiden könnte man sogar meinen, dass die Musiker der Orchester auch ohne ihren jeweiligen Dirigenten spielen könnten. Wozu braucht es überhaupt Dirigenten und Führungskräfte, wenn die Musiker bzw. Mitarbeiter sehr gut qualifiziert und motiviert sind?

Klar ist: Ein gutes Orchester spielt auch ohne Dirigent sehr gut, aber ohne Dirigent wird es nie ein gutes Orchester!

Während es bei Dirigenten oder Sporttrainern offensichtlich und selbstverständlich ist, dass ihre Musiker bzw. Spieler als Spezialisten (Hornist, Posaunist, Linksaußen oder Torjäger) in ihrer jeweiligen Disziplin und Rolle besser sind als ihre Vorgesetzten, die »nur« den Rahmen setzen, das Gesamtwerk im Blick haben und dadurch Spitzenleistung ihrer Orchester bzw. Teams ermöglichen, ist in vielen – gerade auch mittelständischen – Unternehmen sehr viel Operatives zu sehen, wenn man Führungskräfte bei der Arbeit beobachtet.

Werden Führungskräfte gekündigt, sind im großen Teil der Fälle **mangelnde Führungsqualitäten** die Ursache. Kompetente, mündige, intelligente, selbstbewusste Mitarbeiter zu führen, ist die Hauptaufgabe und größte Herausforderung eines Managers – und an dieser scheitert er oft. Es muss nicht gleich die Rebellion ganzer Teams sein, die einen Unternehmer oder Top-Executive zur Entlassung eines Managers zwingt. Oft sind es Kleinigkeiten: Ein guter Mitarbeiter kündigt oder bewirbt sich in einer anderen Abteilung des Unternehmens, in den Projekten fehlt der letzte Biss, einzelne Teams fehlen bei Betriebsfeiern usw.

Die Führungsprobleme entstehen häufig bereits dadurch, dass gute Fachkräfte zu Führungskräften befördert werden. Aber ein guter Entwicklungsprojektleiter ist noch lange kein guter Innovationsmanager, ein

Ich möchte hier nicht über die verschiedenen Theorien der Führung diskutieren, sondern von einem kleinen, aber grandiosen ORSO-Konzert (www.orso.org) berichten: Ein junger Mann hat im Alter von 16 die unkonventionelle Idee, aus einer kleinen Schulband in Lahr ein Rock-Symphony-Orchester zu gründen. Das Ergebnis ist so überwältigend wie spektakulär.
WOLFGANG ROESE, mittlerweile 28 Jahre alt, dirigiert die größte Rockband der Welt. Mit Haut und Haaren bei der Sache, motiviert der junge Dirigent 200 Musiker, dirigiert 30 Stimmen. Ausgebildet in Klavier und Violine, spielt er nicht alle Instrumente selbst – wer könnte dies auch – bringt jedoch die Spezialisten zur Höchstform.
Seine Musiker geben ALLES. Nach drei Stunden Konzert sind alle körperlich ausgepowert, geistig ausgelaugt, durchgeschwitzt, aber glücklich. Keiner denkt mehr an die vielen anstrengenden Proben, die perfektionistischen Forderungen des Chefs, die Frage ans Aufhören, die Vision, immer noch besser zu werden.
ROESE glaubt an seine Musiker, bringt sie auf (s)einen Nenner, koordiniert, coacht und kontrolliert bis an die Schmerzgrenze. Er nimmt die Jüngeren oder Schwächeren mit, bindet die Starken ein oder fordert sie als Solisten, deligiert die Stimmenproben an topqualifizierte Musiker, schaut mit Präzision auf jeden Takt, koordiniert 200 Menschen und komponiert und arrangiert im Hintergrund – das Gesamtbild vor Augen. So ein Feuerwerk zeigt uns nicht nur, dass Führung keine Frage des Alters ist, sondern auch, dass bei richtiger Führung das Ganze mehr ist als die Summe der Einzelteile.
Hier treffen Qualifikation, Leidenschaft und Professionalität aufeinander und dokumentieren vor allem eines: Führungsqualität.

Abb. 22 // Führung – ein Beispiel aus der Musik (aus: Human Resources (WEICK, 2/2005))

Top-Key Accounter noch lange kein führungsstarker Vertriebsdirektor (siehe Peter-Prinzip, Kap. 5.2.2). Die Probleme haben zwei Ursachen bzw. Verursacher: die (nicht führungsgeeigneten) Stelleninhaber und die Unternehmen, die »Karriere« (Status, Gehalt etc.) nur über den Weg der Führungsverantwortung anbieten. Aus meiner Sicht gibt es jedoch keinen Grund, warum der Chefentwickler weniger verdienen soll als sein Konstruktionsleiter, der sehr gute Key Account Manager für den wichtigsten Kunden weniger verdienen soll als sein Vertriebsleiter. Ich sehe die Unterschiede eher in Rollen und Funktionen als in (Vergütungs-) Hierarchien.

Die Frage nach der Führungserfahrung oder Führungseignung ist in den Interviews mit Kandidaten eine wichtige, oft unterschätzte, aber auch eine filigrane und komplexe. Auf die monotone Personalerfrage »Wie führen Sie Ihre Mitarbeiter« folgt meistens eine ähnlich einstudierte Antwort: »Ich bin aus Überzeugung Teamplayer«, »Ich führe an der langen Leine und über Ziele« etc. Die Thematik ist jedoch deutlich komplexer und von Fachabteilung zu Fachabteilung auch unterschiedlich: Vertriebsmitarbeiter sind anders zu führen als Entwickler, Produktionsmitarbeiter führt man anders als Buchhalter. Hier sollte man an Führungskräfte und solche, die es werden möchten, auch sehr tiefgehende Fragen stellen: »Wie sind die Geschäftsziele in ihrem Verantwortungsbereich, wie messen Sie die Zielerreichung, wie kommunizieren Sie Ziele an Ihre Mitarbeiter und wie kontrollieren Sie diese, wann erfahren Sie Verzug, wie steuern Sie dagegen, wie sehen Alternativszenarien aus, waren die Ziele zu hoch gesteckt? Manche Manager setzen die Latte permanent so hoch, dass alle Mitarbeiter bequem darunter durchkommen!

Ein paar Eckdaten helfen zunächst weiter (vgl. auch Kap. 4.3.1): Hat der Kandidat de facto überhaupt **Führungsverantwortung** und wie lange schon? So mancher Vice President mit 250.000 Euro Jahresgehalt hat sie in der Matrixorganisation nicht oder nur sehr eingeschränkt! Hatte er bereits Führungsverantwortung und hat sie wieder abgegeben oder abgeben müssen? Wie ist die Art der Führung: mit disziplinarischem Durchgriff oder deutlich softer (jedoch nicht unbedingt einfacher) im Projekt?

Führt der Kandidat rechtlich selbstständige Landesgesellschaften mit den jeweiligen »Territorialherren« oder führt er Handelsvertreter, die unternehmerisch frei sind?

Der **Führungsstil** ist deutlich differenzierter zu betrachten als nur »autoritär« oder »teamartig«. Ist er hart oder weich, wertschätzend und motivierend, antreibend, basiert er auf Vorleben, ist er rein zielorientiert oder hierarchiebetont? Welche Informationen gibt der Vorgesetzte seinen Mitarbeitern, vor welchen schützt er sie vielleicht sogar? Lässt er seine Mitarbeiter wirklich bilanzrelevant und bilanztransparent arbeiten?

Auch die **Führungsspanne** ist ein interessanter Parameter: Führt der Kandidat mehrere Abteilungen mit jeweils gestandenen Führungskräften, führt er Anfänger oder Top-Spezialisten? Wie viele seiner Bereichsleiter könnte er fachlich ersetzen, wie viele Ebenen hängen unter seinen Führungskräften, wie viel Prozent seiner Mitarbeiter kennt er beim Namen, von wie vielen kennt er private Probleme? Hat der Kandidat auch Führungsaufgaben außerhalb des Jobs: im Branchenverband oder Business Club, im Sportverein oder als IHK-Präsident?

Oft erkennt man Führungsqualitäten auch zwischen den Zeilen. Hier sollte man Kandidaten ruhig ein bisschen »provozieren«: »Wann sind Sie mit Ihrem Team oder Ihrem Bereich das letzte Mal an einer Aufgabe total gescheitert und wie haben Sie und Ihre Mitarbeiter reagiert, was haben Sie gelernt?« »Wie bringen Sie Ihre Mitarbeiter zu Höchstleistungen?« Machen Sie das überhaupt, ist das Unternehmenskultur, wie zeigen sich die Spitzenleistungen in der Bilanz, welchen Beitrag leistet Ihr/e Bereich/Abteilung/Profit Center zum (positiven/negativen) Unternehmenserfolg, wie gehen Sie mit unbequemen Top-Performern um (schlechte Mitarbeiter zu entlassen ist keine große Kunst!), wie heben Sie das Leistungsniveau einer mittelmäßigen Mannschaft, welche Rolle spielen Sie dabei?« »Sie haben berichtet, dass Sie den Umsatz, die Innovationsrate, die Qualität um 10% gesteigert haben, warum waren es nicht 25% und woher wissen Sie, dass sie mit 10% zufrieden sein können?« »Wie viele Ihrer Mitarbeiter sind besser als Sie, wie viele potenzielle Nachfolger haben Sie im Team?«

5.2.4 Internationalität
Die Welt ist kleiner geworden

Ein zunehmend wichtiger Faktor in den Lebensläufen von Managern ist die Internationalität. Noch vor zehn Jahren für die meisten Positionen »nice to have«, ist sie heute meist eine grundlegende Voraussetzung. Das Agieren auf internationalem Terrain hat eine **sprachliche** Dimension – die man in der Regel nicht gebrauchsfertig in der Schule lernt – und eine **erfahrungsseitige** Dimension.

Je nach zu besetzender Position ist es wichtig, wie stark die Internationalität verinnerlicht ist. Zieht sie sich wie ein roter Faden durch den Lebenslauf oder wirkt sie eher aufgepfropft? Gab es schon in der Schul- und Studienzeit Auslandsaufenthalte oder war der Kandidat kürzlich das erste Mal mit seinem Geschäftsführer in Ungarn?

Je intensiver die Aktivität und Vernetzung mit globalen Partnern ist, desto erfahrener muss die Fach- und Führungskraft auch **interkulturell** sein. Ein Lachen an der falschen Stelle, ein ausgeschlagenes Abendessen, ein zu starker Händedruck, ein schnelles »Zur-Sache-Kommen« kann viele Geschäfte vernichten oder erst gar nicht zustande kommen lassen.

Auch die internationale **Reisetätigkeit** ist in diesem Zusammenhang ein interessanter Parameter. Wohin, wie oft, wie lange, mit wem, wie erfolgreich sind Sie unterwegs? Dominieren Tagesreisen in Europa oder mehrwöchige Fernreisen, treffen Sie dabei langjährige Geschäftspartner oder sind Sie auf Kunden- oder Lieferantensuche?

5.2.5 Leistung, Erfolge und Ziele
Das Bessere ist der Feind des Guten

Für den Personalberater ist es essentiell, die Stärken, die erbrachte Leistung und die Leistungsfähigkeit eines Kandidaten zu kennen und zu beurteilen. Liest man die Tagespresse oder redet man mit **Unternehmern**, so sind Misserfolge in der Managementarbeit an der Tagesordnung. Spricht man mit **Bewerbern**, könnte man meinen, es gibt nur Erfolgsgeschichten: Stelle Dir vor, eine Firma geht in Insolvenz und keiner hat sie verursacht!

Kritische Sachverhalte bei einer **Unternehmensanalyse** anzusprechen, ist für **Unternehmensberater** selbstverständlich und hier bekommen sie von den Managern in der Regel auch offene und selbstkritische Antworten. Stellt ein Personalberaters, dieselben Fragen denselben Managern dieser Unternehmen in **Bewerbungssituationen,** wird es oft als zu persönlich gewertet und manchmal sogar als Angriff verstanden. Aber es ist die Pflicht eines Personalberaters, auch solche Themen offen zu diskutieren, da eine Fehlbesetzung für alle drei Beteiligten die schlechteste Alternative ist.

Auch reicht es nicht, in Kandidateninterviews bei diesem Thema nur an der Oberfläche zu kratzen. Hier muss man tiefer gehen und die Aussagen der Kandidaten bei Bedarf auch über Referenzen überprüfen, damit sich der vermeintliche Star nicht morgen als Sternschnuppe entpuppt.

Die einfachere Komponente in einer solchen »SWOT-Analyse« ist dabei die Frage nach den **Erfolgen:** »Welche Erfolge hatten Sie, warum, was war Ihre Rolle und Ihr Beitrag dazu, wie waren die Alternativszenarien, wer waren die Entscheidungsgegner, gab es Barrieren, wer war am Erfolg beteiligt? Wie definieren Sie überhaupt Erfolg und wie messen Sie ihn? Wie sichern Sie die Nachhaltigkeit des Erfolgs?«

Zwei Parameter von Erfolg, die ich gerne hinterfrage, sind **Effizienz** und **Effektivität.** Dabei ist Effizienz das Maß für die Wirtschaftlichkeit (das Ziel wird mit geringstem Aufwand erreicht), während die Effektivität – unabhängig vom Aufwand – ein Maß für die Zielerreichung (das Verhältnis von erreichtem Ziel zu definiertem Ziel) ist.

»A smooth sea never made a skilled mariner.« Bei dem Themenkomplex **Leistung** und dessen Parameter Ehrgeiz, Belastbarkeit und Durchsetzungsvermögen stelle ich gerne die Fragen: »Wann haben Sie in Ihrem Leben wirklich **Spitzenleistung** erbracht und was waren die Rahmenbedingungen?« »War es während der Promotion, war es beim Sprung ins kalte Wasser durch das Jobangebot in den USA, war es die Vizeweltmeisterschaft im Rudern oder das berufsbegleitende MBA?«

»Wie zeichnete sich dieser **Peak** aus: Innovation, Arbeitseinsatz, Risiko, Barrieren, intellektuelle Herausforderung?« »Was war Ihr bestes Projekt, auf welches sind Sie besonders stolz (leuchten dabei die Augen des Kandidaten wirklich?), was war Ihre frustrierendste Aktion?« »Wie oft gehen Sie (mit Ihrem Team) ans Limit, wie oft überschreiten Sie es?«

In diesem Zusammenhang möchte ich betonen, dass Spitzenleistung nicht nur von Top-Managern erbracht wird, sondern von jedem an seinem Platz: vom Mitarbeiter an der Maschine, vom globalen Vertriebsdirektor, vom Bilanzbuchhalter in der Zentrale, vom Reinigungstrupp im OP, vom PR-Manager, vom Mitarbeiter in der Betriebskantine wie auch vom IT-Supporter an der Hotline. Erst wenn alle ihr Bestes geben, ist das Ganze mehr als die Summe der Einzelteile (siehe Abb. 22)!

Ganz schwierig zu beantworten ist die Frage, welchen Einfluss das **Umfeld** auf den Erfolg eines Managers hat. Ein Manager kann in einem Umfeld (in dem er z.B. sehr viele Jahre Fachwissen erworben hat, in dem ihm die Organisation sehr vertraut ist, wo Hierarchien stark gelebt werden, in dem ihn sein Vorgesetzter abschirmt, in dem ein aggressiver Wettbewerb herrscht) sehr erfolgreich gewesen sein, während er nach einem beruflichen Wechsel in ein anderes Umfeld nur Misserfolge einfährt. Auch der umgekehrte Fall kommt vor: Trifft ein Kandidat auf ein neues Umfeld, das besser zu ihm passt, steigt seine Leistung rapide an.

Ebenso schwierig zu beantworten ist eine andere Fragestellung: die **Relativität** von Erfolg. Ist ein neuer Manager in einem Unternehmen, das über Jahre regelmäßig Wachstumsraten von 20% hatte, wirklich erfolgreich, wenn er mit einer Wachstumsrate von 18% oder 21% prahlt? Oder ist es eher jener Manager, der ein regelmäßig negatives Jahresergebnis von fünf Millionen Euro auf eine Million reduziert?

Mit **Referenzgebern** kann man sehr gut die Frage diskutieren, ob der Kandidat als Einzelner gut oder schlecht war und für seine (Miss-) Erfolge einige Leistungsträger (bzw. Low-Performer) zur Verfügung hatte. Ist er jemand, der bewusst sehr gute Mitarbeiter um sich schart und dadurch permanent erfolgreicher ist als andere Führungskräfte oder ist Erfolg eher ein singuläres Phänomen des Managers in einem mittelmäßigen Umfeld? Wie kam es zu den Erfolgen: durch die aktive Suche nach Erfolg und die konsequente Verfolgung der gesteckten Ziele oder eher durch die Vermeidung von Misserfolg?

Ganz wichtig ist es für den Berater, mit seinen Kandidaten auch über deren **Zielvorstellungen** und die entsprechende **Motivation**[21] zur Erreichung dieser Ziele zu sprechen und mit der Unternehmenssituation und der definierten Position zu spiegeln. Sucht der Kandidat eine voluminöse Führungsverantwortung, eine Aufgabe, die seine strategisch-konzeptionellen Fähigkeiten fordert, ein anspruchsvolles Projekt oder Internationalität? Warum sucht er diese Ziele? Als neue Herausforderung auf der Basis bisher erworbener Erfahrungen, um seine Fähigkeiten zu vertiefen bzw. zu verbreitern? Ist er auf der Suche nach Status, Macht[22] und Geld? Widersprechen sich Ziele bzw. Motivationen und die Fähigkeiten des Kandidaten vielleicht sogar: Der operative Vertriebsleiter möchte Geschäftsführer werden, um einen Gehaltssprung zu machen, hat aber nicht das strategisch-konzeptionelle Rüstzeug dazu. Ist er offen für eine ehrliche Rückmeldung? Kann man ihm »Brücken« bauen und ihn sinnvoll in ein neues Unternehmen »einbauen«, ohne ihm die Geschäftsführerposition zu geben?

Ganze Bewerbungszeremonien beschäftigen sich damit, die **Stärken** von Kandidaten zu suchen und zu beleuchten. Kommt das Gespräch aber fokussiert auf die **Schwächen** des Kandidaten,[23] werden die Antworten schnell so monoton und stereotyp wie die Fragen: eine gewisse Ungeduld (gibt es Manager, bei denen man Geduld wirklich akzeptiert?), die Französischkenntnisse oder die Vorliebe für gutes Essen (was man ihm

---

[21] // Motivationsmuster können sich im Laufe von Karrieren sehr stark ändern. Der Absolvent sucht einen interessanten Berufseinstieg, der Young Professional schnell Internationalität und Führungsverantwortung, der/die frischgebackene Familienvater/-mutter Sicherheit und ein stabiles Umfeld, der 50-Jährige die unternehmerische Gesamtverantwortung und der 60-Jährige eine exponierte Rolle im Aufsichtsrat.

[22] // In Deutschland ist das Wort »Macht« negativ besetzt. Vor allem die, die sie besitzen, sprechen lieber von Verantwortung.

[23] // Oft liegen übrigens die größten Stärken und die größten Schwächen sehr dicht beieinander!

vielleicht sogar ansieht). Im Nachgang zu Bewerbungsgesprächen werden – jedoch in der Regel ohne den Kandidaten – offensichtliche und vor allem hineininterpretierte Schwächen diskutiert. Da es für das Unternehmen und den Kandidaten wichtig ist, den gemeinsamen Nenner für eine bestimmte Position zu kennen, sollte man diesem Punkt in den Bewerbungsgesprächen deutlich mehr Raum widmen und Schwächen nicht erst am Ende der Probezeit oder kurz vor einem Aufhebungsvertrag diskutieren.

Die Beleuchtung der Schattenseite des Erfolges ist in Kandidateninterviews mindestens genauso wichtig und interessant wie die der Karriere-Highlights: »Ein Misserfolg ist die Chance, es das nächste Mal besser zu machen«, sagte einmal HENRY FORD. »Ich lerne, wenn ich gescheitert bin und nicht, wenn ich Erfolg habe«, ergänzt der Extrembergsteiger R. MESSNER.

Kein mutiger und innovativer Manager ist ohne Misserfolge seinen Weg gegangen. Misserfolge und Krisen [24] in Karriereverläufen sind fast so wichtig wie Erfolge, prägen Menschen sehr und sind im beruflichen wie im privaten Bereich omnipräsent. Ein exponiertes Beispiel dafür ist STEVE JOBS: Er gründete mit 20 Jahren APPLE in der Garage seiner Eltern, wurde mit 30 aus seinem Unternehmen gefeuert, kam über Umwege wieder zurück und wurde Anfang 2000 mit einer Krebsdiagnose konfrontiert. APPLE beschäftigt heute 4000 Mitarbeiter und erwirtschaftet einen Jahresumsatz von 2 Milliarden Dollar.

Manche meiner Kunden stellen sogar lieber Kandidaten ein, die aus einem totalen Misserfolg nachhaltig gelernt haben. »Hinfallen ist keine Schande, Liegenbleiben schon.« Ein Universitäts-Studienabbruch, ein total vermasseltes Key-Projekt, eine Insolvenz, der Rausschmiss durch einen cholerischen Inhaber oder der plötzliche Rückzug von Investoren prägen einen Manager sehr nachhaltig. Oft sitzt die vermeintliche Blamage so tief, dass ein Leben lang hart gearbeitet wird, um Ähnliches zu vermeiden: Der Studienabbrecher macht plötzlich in einem neuen

---

24 // Die Chinesen zum Beispiel haben für Krise und Chance dasselbe Schriftzeichen!

Studiengang verstärkt Bildungsabschlüsse (bis hin zu Promotion und MBA), der »Key-Projekt-Looser« wird zum peniblen Projektmanager, der geschasste Mittelstandsmanager analysiert vor einem Arbeitsplatzwechsel sehr fundiert das Unternehmen, dessen Kultur und seine Entscheider. Misserfolge und Schmerzen können auch im Management große Lehrmeister sein!

Fragen, die Schwächen eines Kandidaten beleuchten, können z.B. folgende sein: »Was war Ihr größter Misserfolg?« »Warum haben Sie in der Phase X ihres Werdegangs nur mittelmäßige Leistung gebracht, obwohl Spitzenleistung notwendig und möglich gewesen wäre?« »Woher kamen die roten Zahlen?« »War es fehlender Biss, war es ein intellektueller Mangel, haben Sie sich zu lange auf andere verlassen, war es ein Führungsdefizit, hatten Sie die falschen Personen im Team, warum haben Sie das nicht geändert?« »Gab es Alternativen?« »Was führte wirklich zu Ihrer Kündigung?« »Waren Sie nicht erfolgreich und warum nicht, waren Sie zu operativ oder zu visionär oder einfach zu schnell?« »Haben Sie vergessen, Ihre Mannschaft mitzunehmen oder haben Sie Innovationen verschlafen?«

Für mich sehr viel wichtiger als die **Tatsache** »Misserfolg« ist der **Umgang** mit ihm. Wurde er verarbeitet, wurde Bilanz gezogen, reiner Tisch gemacht, Ursachen analysiert, Fehlentscheidungen erkannt, Abstand genommen, daraus gelernt? Oder haben Misserfolge bleibende Schäden verursacht, die zu übertriebener Vorsicht, Pessimismus, Depression oder gar Burn-out führten und damit einen erfolgreichen Re-Start verhindern?

Wie ehrlich, offen und transparent geht der Kandidat mit seinen Misserfolgen und Fehlern um: Berichtet er diese erst auf mehrmaliges Nachfragen oder werden sie sogar erst über Referenzgeber offensichtlich? Wo steht der Kandidat in der Verarbeitung seines Misserfolgs: am Anfang, mitten drin, kurz vor einem Burn-out oder mittlerweile über den Dingen?

Ich denke, Fehler sind eine Art Feedback und bieten die Möglichkeit zum Lernen, zum Verbessern, oft sogar zur Innovation.

Schwächenanalysen sind jedoch nicht nur Sache der Unternehmensseite. Auch Kandidaten dürfen und sollen das Unternehmen bzw. die offerierte Position kritisch beleuchten – im Positiven wie im Negativen. Das zeichnet sie sogar aus. Manche Unternehmen oder Unternehmensbereiche stellen ihr Unternehmen und seine Marktchancen sehr bzw. zu gut dar und blenden manche »Baustelle« aus, während sich wiederum andere Unternehmen »unter Wert« verkaufen und der Kandidat Mühe hat, die »USP's« zu erkennen. In beiden Fällen ist der Berater als Kommunikator und Moderator (vgl. auch Kap. 3) gefragt! Um zu gewährleisten, dass Unternehmen und Kandidat die Situation ähnlich beurteilen bzw. die Aufgaben durch den neuen Manager richtig angegangen werden, fordere ich Endkandidaten gerne auf, ihre Sicht der Dinge und ihre strategischen Ideen und Ansätze in einer kurzen Präsentation vor dem Managementteam oder dem Aufsichtsrat zu skizzieren. Viele spätere Dissonanzen lassen sich dadurch elegant vermeiden.

Vielfach werden – um unangenehme Frontaldiskussionen zu Schwachstellen in den Kompetenz- und Persönlichkeitsprofilen von Kandidaten zu vermeiden – alle möglichen Arten von Tests durchgeführt, nach dem Motto: »Du, lieber Kandidat hast das Testergebnis selbst produziert, also erkläre es mir bitte auch!« Aber sei es nun durch den persönlichen Eindruck im Gespräch oder »quasi-objektiviert« mit Komponenten der HR-Diagnostik (Simulationen, Case Studies, Tests, graphologische Gutachten etc.), es ist wichtig, Fehler, Schwächen und Defizite anzusprechen, auszudiskutieren und gegebenenfalls durch Mithilfe des neuen Vorgesetzten (Seminare, Coaching etc.) allmählich auszumerzen.

In Kandidateninterviews und Stärken-Schwächen-Analysen sollte man auch berücksichtigen, dass sich die Kandidaten außerhalb ihrer »Komfortzone«, quasi in »unsicherem Gelände« befinden. Das kann dazu führen, dass sie sich »unter Wert« oder »über Wert« darstellen. So mancher sehr gute »hand's on«-Produktions- oder Werkleiter präsentiert sich »aufgestylt« am Besprechungstisch unsicherer als nachher in seinem Job »mitten im Geschehen«. So mancher Vertriebsleiter präsentiert sich dagegen sehr gut vorbereitet, eloquent und charmant, während

»everybody's darling« später in beinharten Gesprächen mit unbekannten Kunden jegliche Professionalität vermissen läßt. Deshalb ist es gut, auch mal die Gesprächssituation, -partner oder -orte zu wechseln. Der Produktioner spricht mit dem Technikkollegen an der Produktionslinie vielleicht lieber und besser als mit dem Chefcontroller und zeigt bei einem intensiven Werksrundgang deutlich mehr Know-how als am Kaffeetisch. Der eloquente Sales Director bricht dagegen bei einem schönen Abendessen, zu dem der Unternehmer auch die beiden Ehepartner eingeladen hat,[25] in ungewohnter Atmosphäre sehr schnell ein, weil er die souveränen Antworten auf die »100 wichtigsten Personalerfragen«, die er in unzähligen Bewerbungstrainings oder -verfahren (in denen er nie zum Zuge kam!) gelernt hat, nicht anwenden kann.

Special: Eliten in der Wirtschaft
Der schwierige Umgang mit den Top 5%

Das Wort »Elite« (lat. eligere: auswählen) wird in Deutschland zunehmend wieder salonfähig – es wird auch höchste Zeit. Nach den militärischen und propagandistischen Ausuferungen in den 1930er und 40er-Jahren wurde der Begriff »Elite« nahezu vollständig aus dem deutschen Sprachwortschatz gestrichen. In den 1960ern und 70ern war er nicht gewollt, hier prägten gesellschaftspolitische Nivellierungen[26] die Szene, in den 80er und 90er-Jahren war zwar Leistung anständig, aber »elitär« eher ein Schimpfwort – mit Ausnahme des militärischen und sportlichen Bereichs: Hier versuchten besonders gut ausgebildete Eliteeinheiten für

---

25 // Manche Unternehmen nutzen diesen Rahmen auch gerne für einen »Gabel-Test« oder einen »social check«.
26 // Diese Denke steckt bis heute in vielen Köpfen: Wenn einerseits über Tausende Schulabgänger berichtet wird, die keine Lehrstelle finden und andererseits Tausende Lehrstellen nicht besetzt werden können, weil keine **qualifizierten** Bewerber auf dem Markt sind oder wenn fast 4 Millionen Menschen arbeitslos gemeldet sind, während die Wirtschaft händeringend **Fachkräfte** sucht, hat man immer noch nicht verstanden, dass das eine mit dem anderen nichts zu tun hat!

Frieden zu sorgen, dort ein paar herausragende Sportler, olympisches Gold zu erwerben.

Verbringt ein Student ein paar Semester am INSEAD, in HARVARD, in STANFORD oder am MIT, wird er im jeweiligen Studienland bewundert, in Deutschland zu Hause respektiert, jedoch von Elite spricht im Herzen Europas niemand. Spätestens im Zuge internationaler Bildungsstudien wie PISA haben auch die Deutschen gemerkt, dass nicht alle Bildungsinstitute gleich gut und nicht alle Professoren und Lehrkräfte gleich qualifiziert sind, sondern dass es sehr wohl hochsignifikante Unterschiede in der Ausbildung von späteren Fach- und Führungskräften gibt und dass auch ein Bildungsland wie Deutschland im internationalen Wettbewerb steht. Zum Beispiel im Wettbewerb mit Indien, wo jährlich Tausende promovierte Wissenschaftler und Ingenieure auf den (auch internationalen) Arbeitsmarkt fluten. Erst als es Geld zu verteilen bzw. nicht (mehr) zu bekommen gab, setzte ein Run auf den Titel »Eliteuniversität« ein.

Ich möchte hier nicht ausführen, dass in früheren Jahrhunderten die Eliten – also die Besten und Qualifiziertesten ihres Jahrgangs – als Politiker ihre Völker oder zumindest Gemeinden führten (wenn man den CV des einen oder anderen Parteidieners anschaut, hat sich die Welt ganz schön verändert!), sondern mich auf Leistungs- und Funktionseliten in der Wirtschaft konzentrieren. Doch auch hier hält man sich mit dem Begriff »Elite« sehr stark zurück, vielleicht auch deshalb, weil man keine »Neidreaktionen« provozieren möchte. Verfolgt man z.B. die Diskussionen um die Vergütung von Unternehmenslenkern, so werden die Spitzenführungskräfte in Deutschland, die z.T. Tausende Arbeitsplätze bereitstellen, von ihren Mitarbeitern für ihr hohes Gehalt gehasst, während es für dieselben Mitarbeiter selbstverständlich ist, dass die Spitzenkicker ihres Lieblingsclubs Millionenbeträge kassieren.

Ich verstehe unter **»Wirtschaftselite«** einen Personenkreis, der sich auf der Basis von Bildung und Leistung eine exponierte Position in der Wirtschaft erworben hat. Das System, das den Zugang zu Positionen und Funktionen nach **Leistung** ermöglicht, ist die Meritokratie. Das **Meritokratische Prinzip** ist einer der Grundpfeiler der westlichen Wirtschaft. Im Gegensatz dazu steht u.a. die **Aristokratie**, d.h. die **Vererbung** von Titeln, Macht und Reichtum in Adelshäusern. Auch hier verdrehen sich im Laufe der Zeit die Vorzeichen: Der Begriff áristoi wurde noch bei den Griechen für »die Besten« (und nicht für den Adel) verwendet!

Das **Senioritätsprinzip,** bei dem das Alter über den Status entscheidet (z.B. in deutschen Amtsstuben, im asiatischen Kulturraum, aber auch in vielen Industrieunternehmen) steht dem meritokratischen Prinzip entgegen.

5.2.6 Rahmendaten
Gehalt — Mobilität — Freizeit

Viele Parameter werden oft erst am Ende langer Interviews oder ganzer Rekrutierungsverfahren diskutiert, obwohl sie größtenteils — für beide Seiten — massiv entscheidungsrelevant sind: Gehalt, Mobilität, Verfügbarkeit, Referenzen und die Hintergründe des beruflichen Wechsels.

Das Gehaltsmodell
Berufliche Wechsel sollten bis auf Ausnahmen notorischer Unterbezahlung nicht primär monetär getrieben sein. Allerdings ist ein beruflicher Wechsel oft die einzige Möglichkeit, das Gehalt signifikant zu erhöhen — was mehr oder weniger ehrlich — auch gemacht wird. Daten zu Gehaltsstrukturen finden Unternehmen wie Kandidaten heute sehr einfach im Internet, über Vergütungsberatungen oder Verbandspublikationen.

Die Analyse des exakten Ist-Gehaltsmodells und die Diskussion der Soll-Gehaltsvorstellungen von Kandidaten ist essenzieller Bestandteil eines ersten Interviews und wird von guten Personalberatern im Vorfeld sehr fundiert und präzise durchgeführt. Sind die Forderungen des Kandidaten überzogen oder gar unverschämt, nimmt ihn der Berater aus dem Verfahren. Folgendes Rechenexempel verdeutlicht die Brisanz dieses Themenkomplexes:

Ein Kandidat gibt bei einem ersten Gespräch mit dem Personalberater als Ist-Gehalt 120.000 Euro an. Davon sind nach seinen Angaben

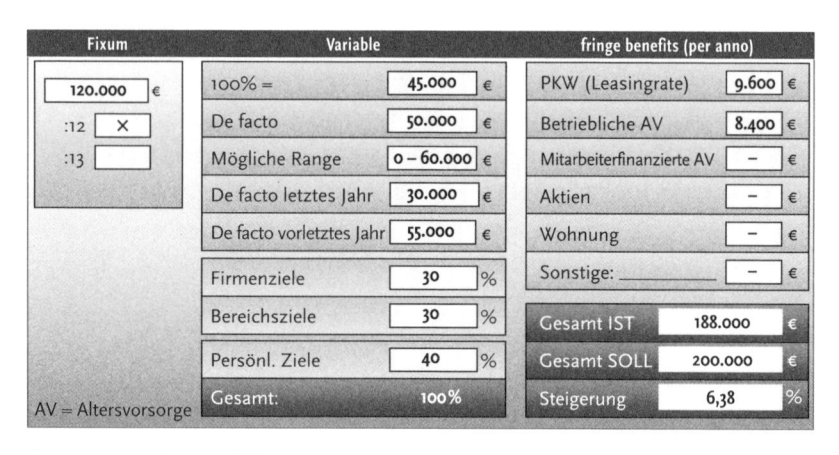

Fixum		Variable		fringe benefits (per anno)	
120.000 €		100% =	45.000 €	PKW (Leasingrate)	9.600 €
:12 ×		De facto	50.000 €	Betriebliche AV	8.400 €
:13		Mögliche Range	0 – 60.000 €	Mitarbeiterfinanzierte AV	– €
		De facto letztes Jahr	30.000 €	Aktien	– €
		De facto vorletztes Jahr	55.000 €	Wohnung	– €
		Firmenziele	30 %	Sonstige: _____	– €
		Bereichsziele	30 %	Gesamt IST	188.000 €
		Persönl. Ziele	40 %	Gesamt SOLL	200.000 €
AV = Altersvorsorge		Gesamt:	100%	Steigerung	6,38 %

Abb. 23 // Das Gehaltsmodell

circa 90.000 Euro fix (in Wirklichkeit sind es 86.000 Euro) und 30.000 variabel. Als Gehaltswunsch fordert er 20% mehr. Im Gespräch beim potenziellen Arbeitgeber zeigt er auf, dass es eher 30% mehr sein sollten, da er für die neue Position umziehen müsste, die Lebenshaltungskosten in der neuen Umgebung höher sind und seine Frau ihren Halbtagsjob aufgeben müsste. Die Tatsache, dass er den Bonus in den beiden vergangenen Jahren gar nicht bekommen hat, weil er und/oder die Firma nicht sehr erfolgreich waren, verschweigt er (er wurde auch nicht danach gefragt). Bekäme er sein Wunschgehalt von 156.000 Euro (und das zunächst fix, weil er im ersten Jahr den Unternehmenserfolg nur bedingt beeinflussen kann), so wären das über 80% Gehaltssteigerung! Und das noch ohne die Berücksichtigung eines größeren Firmen-PKW's und sonstigen »fringe benefits«.

Besonders die genaue Analyse und detaillierte Überprüfung des **variablen Anteils** (dieser wird in der Regel schriftlich festgehalten) erhöht nicht nur die Transparenz der Gehaltsstruktur des Kandidaten, sondern auch die seiner Ehrlichkeit. Hat z.B. ein Kandidat im Vorjahr de facto 150.000 Euro fix und 30.000 Euro variabel erhalten, ist dies ein stolzes Gehaltsmodell – aber nur bedingt aussagefähig. Denn es ist ein sehr großer Unterschied, ob die 30.000 Euro »nur« knapp 70% des möglichen variablen Anteils von 45.000 Euro (bei 100%) oder aufgrund außergewöhnlicher Erfolge 150% von definierten 20.000 Euro (bei 100% Zielerreichung) sind. Auch ist es ein Unterschied, ob der variable Anteil zu 80% über das Erreichen der Unternehmensziele zustande kam oder zu 80% über das Erreichen seiner Bereichsziele. Deshalb ist die Kenntnis der exakten Definition des variablen Vergütungsmodells und vor allem der Beitrag der Leistung des jeweiligen Managers und seines Teams zum Unternehmenserfolg sehr interessant – wird jedoch in den wenigsten Fällen präzise hinterfragt.

Auch das geforderte Delta zwischen Ist- und Soll-Gehalt ist ein interessanter Parameter im Kandidatengespräch. Wechselt ein Kandidat wegen des Geldes oder eher, um mehr bewegen zu können? Sind seine Forderungen marktgerecht und vernünftig oder eher grenzwertig und unverschämt? Wie reagiert er auf die Vergütungsvorstellungen des potenziellen Vorgesetzten? Beinhart, offensiv, aggressiv oder sofort einwilligend, schwach oder gar übermäßig statusbetont? Letzteres kann man in Deutschland besonders bei der Diskussion um das Dienstfahrzeug beobachten: Wenn Motorisierung und Ausstattung des Fahrzeugs wichtiger sind als eine attraktive Zielvereinbarung, kann man manchmal sogar psychische Disfunktionen ahnen!

Ich rate meinen Kunden zu einer ganzheitlichen Betrachtung und exakten Auflistung des Gehaltspaketes inklusive Zusatzversicherung, betrieblicher und mitarbeiterfinanzierter Altersvorsorge (deferred compensation), Aktienpakete etc. Dies erhöht die Transparenz und Vergleichbarkeit für alle Beteiligten enorm.

Die Mobilität

Ein weiterer Parameter, der häufig über den Erfolg und Misserfolg von Rekrutierungsprojekten entscheidet, ist die **Mobilität**. Obwohl die ganze Welt von Internationalisierung spricht, scheitern Rekrutierungsprojekte oft ganz banal und übrigens oft erst nach mehreren Gesprächsrunden kurz vor Vertragsunterzeichnung wegen fehlender Mobilität der Kandidaten bzw. deren Familien. Während die Tendenz zur Reisebereitschaft im Job zwangsläufig steigt, sinkt die Umzugsbereitschaft an einen neuen Wohnstandort in den letzten Jahren gewaltig:[27] Familie, soziales Umfeld, Sicherheitsdenken sowie Haus, Hund & Hof lassen viele Kandidaten eher mit Jobunzufriedenheit leben anstatt neue Ufer aufzusuchen. Wenn es die Funktion (z.B. als Key Account Manager oder globaler Purchasing Manager) zulässt und die notwendige Kommunikation (mit Hilfe moderner Kommunikationsmedien) mit den Fachabteilungen gewährleistet ist, kann ein Home Office (in Kunden- oder Flughafennähe) ein gewisser Kompromiss sein.

Die Verfügbarkeit
Wichtig ist es auch, mit dem Kandidaten über seine theoretische und praktische Verfügbarkeit zu sprechen: Wie ist seine vertragliche Kündigungsfrist[28] und zu welchem Stichtag (zum Monats-/Quartals-/Halbjahres-/Jahresende), wie geht man erfahrungsgemäß in seiner heutigen Firma damit um? Ein besonderer Fall der Verfügbarkeit tritt dann ein, wenn der Kandidat ein Wettbewerbsverbot hat. Hier gilt es zu klären, ob im Vertrag ein tatsächliches **Wettbewerbsverbot** existiert. Ein solches gibt es vergleichsweise selten, da die finanzielle Kompensation sehr aufwendig ist. Im Zweifelsfall kann man dazu einen Arbeitsrechtler befragen.

Zeugnisse und Referenzen
Vielen Personalern sind die Arbeitszeugnisse[29] von Kandidaten besonders wichtig. Oft sitzen die Kandidaten (übrigens häufig keine Bewerber, sondern angesprochene Kandidaten!) kaum am Tisch, fangen die Personaler schon an, in den Unterlagen nach Zeugnissen und ihren Schlüssel-

---

27 // Andererseits ist ein Teil der Führungskräfte und Spezialisten wiederum so mobil, dass sie sogar das Land verlassen (Brain Drain)!
28 // bzw. Befristung (bei Geschäftsführer- oder Vorstandsverträgen auf drei oder fünf Jahre)
29 // Für viele Berater und HR-Verantwortliche ist das »Studium« der Zeugnisse bereits Teil einer ersten Vorselektion (vgl. Kap. 2). Andere wiederum checken diese Dokumente erst relativ spät im Rekrutierungsprozess, wenn sie sich zusammen mit der Einholung von Referenzen ein abschließendes Bild machen.

wörtern zu suchen. Da gerade bei Führungskräften sehr viele Zeugnisse selbst geschrieben (oder zumindest vorformuliert) werden und man im Zuge der Trennung (gerade bei Aufhebungsverträgen »im gegenseitigen Einvernehmen«) Zeugnisse eher wohlwollend formuliert, halte ich wenig von dieser Zeugniszerpflückerei. Als sinnvoller erachte ich das Einholen von aussagefähigen Referenzen. Nicht bei Kunden, nicht bei Freunden, nicht bei Geschäftspartnern, sondern vor allem bei den Vorgesetzten der letzten beiden beruflichen Positionen. In der Regel bekommt man von diesen sehr präzise Informationen über die fachliche Kompetenz, die Führungseignung, die Persönlichkeit und die Potenziale der Kandidaten. Flankierend kann man dabei auch überprüfen, ob die Aussagen des Kandidaten (z.B. zum Thema Trennung) mit den Aussagen des Referenzgebers übereinstimmen.

Die Wechselmotivation

»Wenn Du etwas kannst, suche Dir etwas Neues«, sagt man in Japan. »Love it, change it or leave it«, sagt man in Amerika.

Wenn ein Manager seinen Job wechselt, kann dies jedoch deutlich mehr Ursachen haben, als ihn nur nicht zu lieben oder nur nicht ändern zu können. Hinter den beruflichen Wechseln stehen oft komplexe »Storys«, die tiefe Einblicke in die Persönlichkeit eines Managers geben können, wenn man sie sauber analysiert: Welche Vorgesetzte, welche Freiheitsgrade, welches Umfeld braucht er, um erfolgreich zu sein und Freude an seiner Arbeit zu haben (vgl. auch Kap. 5.2.5)?

Grundsätzlich gilt es zu klären, ob der Kandidat – unabhängig davon, ob er sich beworben hat oder angesprochen wurde – irgendwo **hin** (Pull) möchte, weil ihn das Unternehmen und/oder die Position reizen und er darin eine neue Herausforderung sieht oder ob er z.B. aufgrund persönlicher Spannungen, Erfolglosigkeit oder fehlender Akzeptanz bei Mitarbeitern und Kunden irgendwo weg (Push) möchte. Ist er ernsthaft interessiert oder testet er nur mal seinen Marktwert, den er anschließend bei seinem heutigen Unternehmen realisiert?

Der Kandidat // Das Objekt der Begierde

Die grundlegenden Fragen sind dabei:
1. Wie ist der Kandidat überhaupt auf den potenziellen neuen Arbeitsplatz aufmerksam geworden: War es eine Bewerbung auf eine Anzeige, eine Initiativbewerbung, eine Empfehlung oder eine Direktansprache durch einen Personalberater?
Bei der Begutachtung von potenziellen Kandidaten machen Unternehmen – zum Leidwesen ihrer Personalberater – häufig keinen Unterschied zwischen Bewerbern und Kandidaten, die auf die jeweilige Position direkt angesprochen wurden. Hier gilt: Direkt angesprochene Kandidaten sind anders zu behandeln, jedoch nie anders zu bewerten!
2. Steht der Kandidat »voll im Job« oder ist er seit längerem arbeits- oder beschäftigungslos? Dabei kaschiert eine (bei Managern teilweise sehr lange) Phase gut dotierter arbeits- jedoch nicht beschäftigungsfreier Freistellung die reale Situation, schafft »elegante« und nahtlose Übergänge im Lebenslauf und blendet Lücken aus, die sich auf Monate und sogar Jahre addieren können. Deshalb sollte präzise gefragt und beantwortet werden, ob der Kandidat **frei** (ohne Beschäftigung) oder **freigestellt** ist – das ist ein bedeutender Unterschied, wie folgendes Beispiel zeigt:
Ein Kandidat hat Ende Oktober eines Jahres ein Bewerbungsgespräch und wird gefragt, wo er momentan arbeitet und welche Kündigungsfrist er hat. Er sagt (wahrheitsgemäß), dass er beim Unternehmen X arbeitet und eine Kündigungsfrist von drei Monaten zum Quartal hat. In Wirklichkeit ist er seit Januar unter Beibehaltung seiner Bezüge freigestellt, jedoch noch bis Ende Dezember bei seiner alten Firma beschäftigt. Erst ab dem folgenden Januar ist er frei, sprich ohne Beschäftigung. Das heißt, der Kandidat ist seit zehn Monaten von seiner Aufgabe entbunden!
Hat man Zweifel an der Richtigkeit der Angaben (hier ist tarnen & täuschen gängige Praxis!), hilft ein kurzer anonymer Anruf in der Zentrale des »aktuellen« Unternehmens. Oft hört man dann auf die Frage »Könnte ich Herrn X kurz sprechen?« die verwunderte Antwort: »Der ist schon lange nicht mehr bei uns.«
Um Lücken im Lebenslauf zu vermeiden, werden viele geschasste Manager über Nacht auch Berater, was dieser Zunft nicht zum Vorteil gereicht.

3. Auch die Frage, wer gekündigt hat und warum, ist in Zeiten komfortabler Aufhebungsverträge »im gegenseitigen Einvernehmen« und wohlwollender Zeugnisse letztendlich schwierig zu beantworten, aber interessant zu diskutieren: Wegen Erfolglosigkeit und schwacher Persönlichkeit werden viele Manager gekündigt, bei Kandidaten (und deren Zeugnissen) treten diese Phänomene nie auf!

Die Work-Life-Balance
Sehr wenige erfolgreiche Führungskräfte können von sich behaupten, dass sie wenig arbeiten. Für die meisten ist dies eine Selbstverständlichkeit. Eine wachsende Anzahl hochmotivierter, leistungsstarker Top-Talente stellt ihren Beruf sogar total in ihren Lebensmittelpunkt. Aber auch für »normale« Führungskräfte bedeutet **Lean Management** nichts anderes, als dass weniger (aber die richtigen!) Führungskräfte effizienter – und oft eben auch mehr arbeiten. Parallel dazu gewinnt auch die **Internationalität** des Business und die damit verbundene Reisetätigkeit bzw. Arbeit über die Zeitzonen an Bedeutung und sorgt nicht gerade für moderate Arbeitszeiten. Flankiert wird dies durch moderne **Kommunikationsmittel** (Mail, Blackberry etc.), mit denen viele Manager »always on« sind. So wird aus sequenzieller Arbeit permanentes »Multi-Tasking« und das 21. Jahrhundert zum »Speed Age«.

Profi wird und bleibt man nur selten mit mittelmäßigem Einsatz, wie uns der Sport lehrt. Das Spektrum an »Manager-Arbeitszeit-Modellen« reicht von Workaholics, die nahezu rund um die Uhr arbeiten bis hin zu Nine-to-Five-Managern, deren Hobbys für eine ganze Managerriege reichen würden.

Oft vergisst man übrigens, dass viele so genannte »Genies« harte und präzise Arbeiter sind. Wie viele Trainingsstunden wird wohl Dirk Nowitzki unter dem Basketballkorb verbracht haben oder Ann-Sophie Mutter mit dem Geigenbogen in der Hand? Fragt ein Handballer, der

---

30 // Diese Trennung gibt es übrigens erst seit der industriellen Revolution. Davor **lebten** die Menschen in der Landwirtschaft oder im Handwerk **in** ihrem Beruf.

erschöpft eine kurze Pause einlegt: »Muss ich wieder raus« oder (sobald er wieder Luft dazu hat): »Darf ich wieder?« In einem Interview antwortete einmal ein Pilot auf die Frage nach seiner Arbeitsbelastung: »Ich arbeite nicht – ich fliege!«

Ich halte es prinzipiell für eine falsche Einstellung, **»Beruf«** und **»Leben«**[30] total zu trennen oder gar, dass das eine dem anderen geopfert werden muss. In der globalen, postmodernen Gesellschaft, in der die »Kopfarbeit« dominiert, ist es kaum möglich, sein Gehirn (beim Handy ist das noch eher möglich und sinnvoll) wahlweise ein- oder auszuschalten. Man kann jedoch sehr wohl die Schwerpunkte verlagern und versuchen, den Kopf wieder frei zu bekommen. Es gibt ein Leben nach dem Job, wobei ich hier nicht nur bipolar zwischen Job und Freizeit unterscheiden möchte. Der Bereich »out of the job« hat für Manager mindestens zwei Dimensionen: Zeit für andere und Zeit für sich selbst.

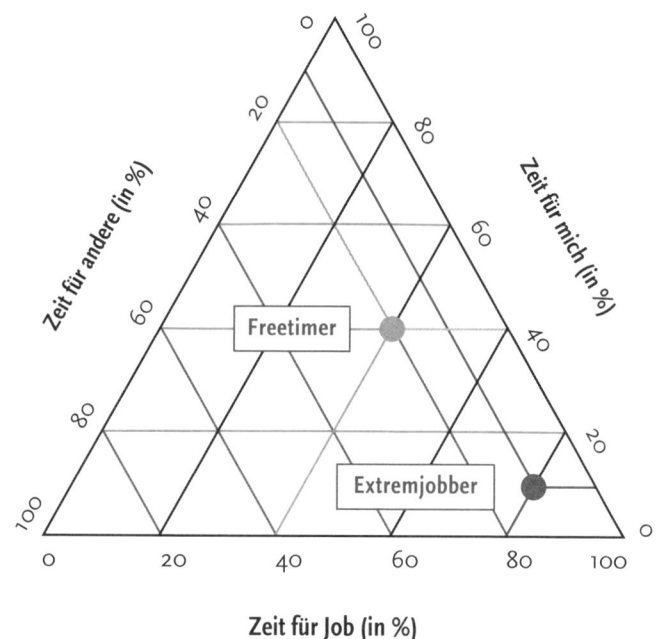

Abb. 24 // Der Zeit-Manager

Interessant sind die Zeitanteile, die jemand – ausgehend von einer »aktiven Tagesdauer« von 16 Stunden – in dieser Zeit- und Prioritäten-Triade verbringt: als »Freetimer« 40:40:20 oder als »Extremjobber« 80:10:10?

Was passiert in der Zeit außerhalb des Jobs? Steht hier Familie, Haus und Urlaub im Fokus oder ein zeitintensives Hobby? Kommt der Manager dabei selbst zu Ruhe und schöpft neue Kraft oder verbringt er seine Freizeit mit anderen? Wie findet er überhaupt Ruhe, braucht er diese überhaupt? Hat er ein Hobby, das ihn auch unter Leistungs- und Erfolgsdruck stellt (z.B. Marathonlauf oder Alpinismus als Managersport) oder verbringt er seine Zeit eher im Kreise seiner Liebsten?

Die Bewertung von Hobbys und anderen Freizeitaktivitäten könnte Stoff für viele wissenschaftliche Studien liefern. Eine »tiefenpsychologische« Bewertung – wenn überhaupt sinnvoll – sollte man den Profis überlassen. Interessant sind jedoch Tendenzen. Ist ein Kandidat im Job und im Hobby gleichermaßen Kämpfer, Moderator, Präzisionsfanatiker oder verhält er sich im Job und Hobby eher komplementär: Der Extremjobber findet vielleicht in der Kammermusik seinen Ausgleich zwischen der »vita activa« und »vita contemplativa«.

Eine Diskussion über die vielfältigen Freizeitaktivitäten ist bei Einstellungsverfahren selten entscheidend relevant, aber dennoch interessant: Harley Fahren ist anders als Zitherspiel, Rugby anders als Kirchenmusik, Segelfliegen anders als klassische Literatur, Alpinismus anders als Schach.

Neben Sport, Kultur und Familie engagieren sich viele Manager außerdem in weiteren Bereichen: vom Elternbeirat über Vereinsarbeit bis hin zum politischen Amt.

5.3 Kompetenz II: Das Fachprofil
Wissen – Erfahrung – Methoden – Werte

Die Passung des Fachprofils eines Kandidaten zu einem Stellenprofil ist die erste Voraussetzung, um zu einem Interview eingeladen zu werden. Einstellungsrelevant ist es vor allem bei Fachkräften und Spezialisten. Bei der Rekrutierung von Führungskräften und Top-Managern sind mit zunehmender Verantwortung eher Persönlichkeitsmerkmale (vgl. Kap. 5.4) und Schlüsselqualifikationen gefordert.

Analysiert man Stellenanzeigen für Führungskräfte in großen Tageszeitungen, so ist das Fachprofil oft mit einem Satz beschrieben: »Der Kaufmännische Geschäftsführer trägt mit seinen 7 Mitarbeitern die komplette Verantwortung für die Bereiche Finanzen, Controlling, Personal und IT«, während die Persönlichkeitsmerkmale oft einen ganzen Absatz füllen: »Für diese Aufgabe mit intensiven Schnittstellen zu den Bereichen Innovation, Vertrieb, Produktion, unseren internationalen Tochtergesellschaften sowie unseren Banken, Wirtschaftsprüfern und Anwälten bringen Sie Kommunikationsstärke, Durchsetzungs- und (!) Integrationsvermögen, Erfahrungen im Projektmanagement sowie starke analytische, konzeptionelle und strategische Fähigkeiten mit«.

Das eigentliche Fachprofil für bestimmte Positionen bzw. von Kandidaten zu erfassen ist eine relativ leichte Übung (vgl. auch Kap. 4.4). Entweder kennt der Berater das Anforderungsprofil der Position aus Erfahrung oder gar durch eine langjährige Berufs- und Führungsaufgabe in der Branche oder er nimmt es bei seinem Kunden (gegebenenfalls in der Fachabteilung) aufmerksam und sorgfältig auf. Im Großen und Ganzen lässt es sich sowohl rasch definieren als auch rasch überprüfen. Lehnt der Kunde einen Kandidaten bereits wegen dessen Fachprofil ab, haben er und sein Berater entweder im Vorfeld der Suche sehr schlecht kommuniziert oder der Berater beherrscht seinen Job überhaupt nicht.

Das fachliche Profil eines Kandidaten bewerte ich nach folgenden Segmenten, die ein Manager für eine professionelle Arbeitsweise benötigt und modifiziere sie in Abhängigkeit vom Unternehmen, Branche und hierarchischer Einbindung.

Das theoretische Wissen

Wissen erwirbt man in der Schule, in der Ausbildung, an der Hochschule, im Selbststudium, an Weiterbildungsinstituten oder in Spezialseminaren. Der CFO hat sein mathematisches Grundwissen in der Schule, die Grundzüge einer Gewinn- und Verlustrechnung und andere kauf-

                    Wissen

Erfahrung   Methoden/
                                                   Skills/Werte

Abb. 25 // Die fachliche Kompetenz

männischen Basics in der Ausbildung oder an der Universität erlernt, sich die neuesten Bewertungsrichtlinien an einem IFRS-Seminar und die aktuellen SOX-Anforderungen bei einer Weiterbildungsveranstaltung einer Wirtschaftsprüfungsgesellschaft angeeignet. Dieses Wissen hat der CFO permanent parat oder weiß, wo er die entsprechenden Informationen findet.

Die praktischen Erfahrungen

Erfahrungen kann man – im Gegensatz zum Wissen – nicht lernen, man muss sie machen! Sie sind Anwendung und Umsetzung von Wissen und wesentlicher Bestandteil jeder Karriere. Es ist ein Unterschied, ob man weiß, wie eine internationale Firma nach IFRS zu bilanzieren ist, oder ob man es gemeinsam mit den Tochtergesellschaften, den internen

Finanzabteilungen, den Wirtschaftsprüfern und Behörden mehrmals über Wochen durchgeführt und verantwortlich unterschrieben hat. Es besteht ein Unterschied zwischen dem Wissen, dass Kundenorientierung zu Kundenzufriedenheit führt und der Erfahrung, wie es ist, mit einem schwierigen Kunden Face-to-Face technische Probleme, Preiserhöhungen oder Lieferverzögerungen zu diskutieren. Interessant ist auch, ob man eine Erfahrung im Laufe seiner Karriere als Spezialist selbst gemacht hat oder als verantwortliche Führungskraft. Bei der Bewertung von Kandidaten sind nicht nur deren (positive und negative) Erfahrungen an sich interessant, sondern auch das, was sie persönlich aus ihnen gelernt haben.

Außer den fachlichen Detailerfahrungen sind für den Personalberater besonders auch die »beruflichen« Lebenserfahrungen interessant: Kennt der Kandidat die Erfahrung, dass er trotz guter Ideen immer auch »Zauderer« und Bedenkenträger in seinem Team oder unter seinen Kollegen hat, kann er professionell mit Widerständen umgehen, weiß er sich auch in Asien gut durchzusetzen, wie geht er mit Budgetkürzungen um?

Die Methoden, Skills und Werte
Neben Wissen und Erfahrungen ist für alle Manager die Kenntnis und vor allem die Anwendung von Methoden und Tools sehr wichtig – egal ob sie als Projektleiter, Führungskräfte oder Top-Manager aktiv sind. Diese müssen sie in den seltensten Fällen neu erfinden, meist »nur« anwenden, manchmal vielleicht auf Aufgabe und Unternehmung anpassen. Manches Handwerkszeug liegt in Form von Systemen (z.B. MbO, MIS) vor, manche sind »mentale oder unternehmenskulturelle Einstellungen« (z.B. Kunden-/Qualitätsorientierung, Effizienz), manche sind persönliche Fähigkeiten (z.B. Sprachen, Arbeitsweisen).

Folgende Management-Instrumente und Fähigkeiten sind für eine professionelle Führungskraft wichtig:
- **Führungsinstrumente:** Mitarbeitergespräche, MbO-Prozess, Zielsetzungs- und -verfolgungssysteme, Beurteilungs-/Feedback- und Vergütungssysteme, Führungsleitbilder etc.

- **Management-Skills:** Analyse, Strukturierung, Priorisierung, Präsentieren, Konzentration, Konzeption, Kommunikation, Sprachen, ganzheitliches und unternehmerisches Denken, Umgang mit Unsicherheit und Misserfolgen, Projektmanagement etc.
- **Informationsmanagement:** ERP, MIS, CRM, BSC, Controlling/Reporting.

Werte und Einstellungen, die Manager mitbringen und die ihre Arbeit prägen, hängen sehr stark von der Persönlichkeit der jeweiligen Führungskraft ab. Sie sind deshalb im Grenzbereich zum Themen-Komplex »Persönlichkeit« (vgl. Kap. 5.4) anzusiedeln:
- Mitarbeiterorientierung
- Markt-/Kundenorientierung
- Qualitätsorientierung
- Ziel-/Profitorientierung
- Effizienz & Produktivität
- Veränderungsbereitschaft/-fähigkeit
- Prozessorientierung

Ein sehr anschauliches Beispiel aus dem Bereich Sport in Sachen Methoden, Skills und Werte, aus dem viele Parallelen in die Wirtschaft gezogen wurden, ist die WM 2006, in der die deutsche Fußball-Nationalmannschaft im eigenen Land als unbedeutender Außenseiter antrat und gegen viele Widerstände mit unkonventionellen Maßnahmen und nach einigen Rückschlägen fast Weltmeister wurde.[31] Seitdem spricht man auch im Business des Öfteren vom KLINSMANN-EFFEKT. Folgende methodische und persönliche Kompetenzen werden in diesem Zusammenhang genannt:

---

31 // Erfolgsstorys sind auch eine Frage des Marketings, wie die Tatsache zeigt, dass die deutschen Fußball-Frauen bereits das zweite Mal Weltmeister wurden – jedoch nur ein Bruchteil an Beachtung fanden.

Der Kandidat // Das Objekt der Begierde

- Neues wagen: innovative Trainingsmethoden
- Standing: sich dem Gegenwind stellen
- Authentizität: den eigenen Weg gehen, statt populäre Entscheidungen zu treffen
- Leadership: eine klar umrissene Verantwortung übertragen
- Teambuilding: Wertschätzung eines jeden Einzelnen
- Visionen erlebbar machen: realistische Ziele stecken und diese konsequent erreichen
- Leidenschaft: Freude, Engagement, Emotion
- Niederlagen als Chancen erkennen
- Professionalität und fachliche Kompetenz
- Offene Kommunikation
- Motivation durch Identifikation aller Beteiligten: vom Trainer über die Spieler bis hin zum Busfahrer und Physiotherapeuten.

Abb. 26 // Der Klinsmann-Effekt

Hier ist jedoch zu beachten, dass der KLINSMANN-EFFEKT **nach** der Weltmeisterschaft beschrieben wurde. Wäre Deutschland in der Vorrunde ausgeschieden, hätte man den Trainer selbstverständlich sofort geschasst. KLINSMANN bewegte sich bei der Vorbereitung auf die WM – übrigens wie auch viele Unternehmer und Manager im Alltag – selbstbewusst auf dem schmalen Grat zwischen Innovation und Erfolgsdruck. Wie viele Trainer gewannen mit ihren Teams schon Meisterschaften, haben jedoch die kommende Saison nicht überlebt? Erfolg ist eben hier wie da eine kurzlebige Sache und – wie uns der Fall KLINSMANN auch zeigt – manchmal auch eine Frage des Absprung-Zeitpunktes!

5.4 Kompetenz III: Die Persönlichkeit
Klugheit, Gerechtigkeit, Standhaftigkeit, Maß (Primärtugenden der Antike)

Hired by qualification – fired by personality: Unternehmen stellen Manager häufig wegen ihrer Fachqualifikation ein und werfen sie wegen ihrer Persönlichkeit wieder hinaus. Ich würde behaupten, dass es bei der Kündigung von Führungskräften in 40% der Fälle an mangelnder Führungseignung und zu weiteren 40% an Persönlichkeitsmerkmalen (oft hängen beide Bereiche sehr eng zusammen!) liegt. Unter den restlichen 20% kann man vielerlei subsummieren: Fachwissen, Arbeitsbelastung, Mobilität, Familie und vieles mehr.[32]

Ich würde sogar noch weiter gehen und die ein oder andere Parallele zu einer zwischenmenschlichen Beziehung (übrigens: ein Manager verbringt deutlich mehr Zeit in seinem Job als mit seiner Familie) ziehen: Bei beidem ist der Faktor »Persönlichkeit« für den Erfolg der Partnerschaft essenziell wichtig, bei beidem wirken Shows nicht lange und bei beidem sollte man wissen, dass sich ein grundlegendes Persönlichkeitsmerkmal nur moderat ändert und im Laufe der Zeit eher verstärkt. Deshalb sollte man sich in beiden Fällen viel Zeit nehmen, den Partner in seinen Stärken und Schwächen kennenzulernen. Oft jedoch dominiert im einen wie im anderen Fall das Prinzip Hoffnung, was im Business eindeutig eine Folge von unprofessionellem Recruiting ist. Hier besteht lediglich der Vorteil, dass eine Trennung in der Probezeit eher möglich ist. Aber auch hier wird eine ganze Menge Porzellan zerschlagen!

Die Entwicklung einer **Persönlichkeit** beginnt mit der Geburt, vielleicht auch ein paar Monate davor. Dabei prägen einerseits die **Gene,** andererseits das **Umfeld,** in dem der Mensch aufwächst. Das unterschreibt Ihnen auch jeder Nicht-Psychologe – mit oder ohne Kenntnis von Marx's Milieutheorie »Das Sein bestimmt das Bewusstsein«. Vertieft man sich

---

[32] // Führungseignung und Führungsfähigkeit hängen sehr stark mit den Persönlichkeitsmerkmalen der Führungskräfte zusammen. Deshalb könnte man den Parameter »Führung« (Kap. 5.2.3) auch hier platzieren.

in die Details einer **sozialen** und **regionalen** Sozialisation, schwindet die Zustimmung der Experten und Nicht-Experten rasch.

Aber auch ohne wissenschaftlichen Tiefgang anzustreben, finde ich es interessant, wo und wie jemand aufwuchs und in welchem sozialen Umfeld er sich heute befindet. Fragen an Kandidaten in diese Richtung sind häufig gute »door opener« und »ice-breaker«, aus denen sich oft interessante Gespräche ergeben.

Wo ist ein Kandidat geboren, aufgewachsen und hat seine erste soziale und regionale Sozialisation erfahren? Im Allgäu oder in Castrop-Rauxel, in Hamburg City oder Kuwait? In einer kinderreichen Familie, in der er vielleicht als erster den bis dato unbekannten akademischen Werdegang eingeschlagen hat oder als behütetes Kind aus gutem Hause, wo der berufliche Weg oder zumindest die Optionen schon definiert waren, als Arbeiterkind, das sich seine beruflichen Ziele heftig erkämpfen musste oder als Einzelkind einer Professorenfamilie, die sehr international und interkulturell aktiv war und ständig internationale Gäste am abendlichen Tisch empfing? Hat der Kandidat als Kind einer landwirtschaftlichen Familie bereits früh hartes Arbeiten kennen gelernt und diesen aktiven und arbeitsamen Arbeitsstil beibehalten? Stellte er sich als junger Rebell in einer kleinbürgerlichen Familie bereits gegen Konventionen und ein permanentes »Das-war-schon-immer-so?« Wurden finanzielle Mittel ergiebig bereitgestellt oder hat man sich die Freiheitsgrade während der Schulzeit und im Studium erjobbt? Blickt er vielleicht auf eine Kindheit in einer Unternehmerfamilie zurück und wurde schon früh mit Maschinen, Investitionen und Produktionsabläufen konfrontiert?

War der Vater Bauarbeiter, Bankangestellter oder Beamter, war die Mutter eine umtriebige Karrierefrau oder permanent da, um alle Wünsche zu erfüllen?

Ist die Ehefrau Erzieherin oder selbstständige Patentanwältin, Grundschullehrerin oder Kardiologin?

Ob diese Fakten, die bei einem Kandidateninterview in der Regel über 20 Jahre alt und nie entscheidungsrelevant sind, und ihre Folgen in Bezug auf Persönlichkeitsmerkmale, Menschenbild, Mobilität, Weltoffenheit etc. nachhaltig und signifikant wirken, steht hier nicht im Vordergrund, interessant sind sie allemal.

In Rekrutierungsverfahren sind Personaler, Vorgesetzte und Berater bei der Beurteilung von Persönlichkeitsmerkmalen der Kandidaten ganz stolz, wenn Sie sagen können: »Mein Bauchgefühl stimmt.« Schwieriger wird es dann schon, wenn alle Fakten stimmen, aber das Bauchgefühl nicht. Noch komplexer wird es, wenn die Gefühle der Beurteiler auch noch unterschiedlich sind.

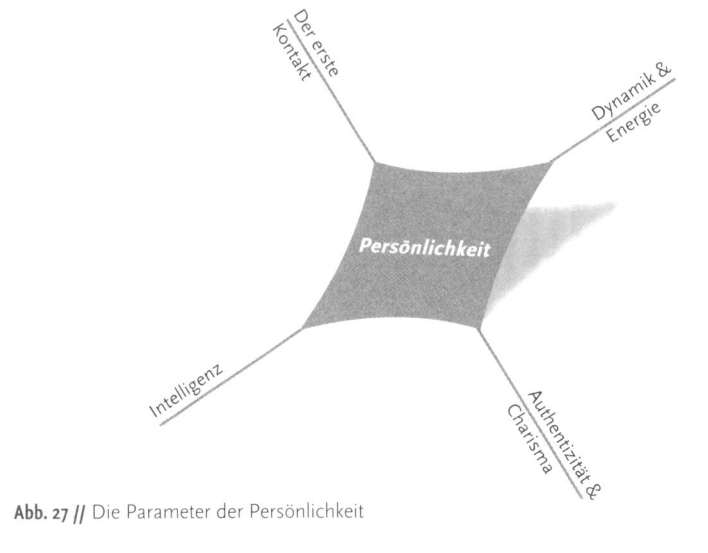

Abb. 27 // Die Parameter der Persönlichkeit

Dieses ominöse Bauchgefühl (vgl. auch Kap. 5.1.3) basiert fast immer auf einer (subjektiven) Einschätzung der Persönlichkeit von Kandidaten – und findet übrigens nicht im Bauch, sondern im Kopf statt. Nicht selten entstehen aus diesen Bauchgefühlen heftige Bauchschmerzen.

Deshalb möchte ich dem Themenkomplex »Persönlichkeit« besondere Aufmerksamkeit schenken und dem Leser anhand verschiedener Kategorien ein Raster an die Hand geben, mit dem er Kandidaten zumindest ausführlich prüfen kann, bevor er sich seinem Bauchgefühl hingibt.

Bei der Analyse und Bewertung aller Persönlichkeitsmerkmale gilt:
1. Das **Bezugssystem** ist entscheidend: Merkmale wie Konfliktfähgkeit, Mut, Neugier, Integrierbarkeit etc. werden in jedem Unternehmen, in jeder Unternehmenssituation und von jedem Beobachter anders verstanden und interpretiert.
2. Die **Ausprägung** ist entscheidend: Aus Leidenschaft wird schnell Fanatismus, aus Wortgewaltigkeit schnell Demagogie, aus »Biss« schnell Aggressivität.

5.4.1 Der erste Kontakt
Sekunden prägen langfristige Entscheidungen

Jeder, der Fach- und Führungskräfte einstellt, weiß, dass der erste Eindruck signifikant die letztendliche Entscheidung beeinflusst. Psychologen sprechen hier vom PRIMACY-EFFEKT (siehe Kap. 5.1.3). Obwohl es kaum jemand zugibt und das AGG versucht, es offiziell zu verbieten, ist es Fakt: Das Erscheinen (nicht nur die Optik!) und die Präsentation eines Kandidaten sowie die Sympathie zu ihm sind wichtige Schlüsselfaktoren der Rekrutierung. Trotzdem wird kein Manager zugeben: »Ich habe Herrn X oder Frau Y nicht eingestellt (oder erst gar nicht zu einem Gespräch eingeladen), weil ich keine Männer mit Glatze bzw. Frauen mit leuchtend roten Haaren mag.«

Man stelle sich folgende Situation vor: Ein Unternehmer sucht einen beinharten Manager, der ihm seine Abteilung X auf Vordermann bringen soll. Er lädt einen Kandidaten mit guter Ausbildung und gutem Werdegang zum Gespräch ein, dessen Lichtbild er nicht gesehen hat. Der Kandidat nimmt einen Tag Urlaub und fliegt von Hamburg nach Stuttgart zum Bewerbungsgespräch, auf das er sich solide vorbereitet hat. Der Unternehmer empfängt den stark untersetzten Mann mit gepflegten langen Haaren, in dessen Jutetasche sich die Bewerbungsunterlagen befinden.

Frage: Wie lange dauert das Bewerbungsgespräch?
Antwort: 10 Sekunden, obwohl man (aus Höflichkeit) eine knappe Stunde miteinander spricht.
Ergebnis: Der Kandidat passt nicht auf diese Stelle. Vielleicht findet der Unternehmer sogar einen fachlichen Grund für seine Meinung.
Folgerung I: Der Kandidat hätte in einem anderen Unternehmen auf eine andere Stelle sehr gut gepasst.
Folgerung II: Alle Beteiligten hätten sich viel Zeit sparen können.
Ursache I: Es passt nicht jeder zu jedem.
Ursache II: Es sind Menschen am Werk.

Ein erster offensichtlicher Persönlichkeitsfaktor ist das **Alter.** Viele Unternehmen definieren bei der Rekrutierung von Führungspositionen das Idealalter des Kandidaten zwischen 40 und 45 Jahren. Man verbindet mit dieser Altersgruppe Erfahrung bei gegebener Integrierbarkeit, Dynamik mit einem Quantum des Hörner-abgestoßen-Habens, Autorität mit einem Schuss Gelassenheit, Lebenserfahrung mit einer Portion Potenzial. Von der Tatsache abgesehen, dass es gar nicht so viele 40-45-jährige Manager gibt, erlebe ich täglich, dass es sehr gute »Young Professionals« mit 34 wie auch Top-Kandidaten mit 54 Jahren gibt. Andererseits gibt es phlegmatische 30-Jährige und hochagile 58-Jährige, die auch in ihrer Freizeit jedem jüngeren Kollegen davonlaufen.

Ähnlich wenig aussagefähig wie das Alter (und objektiv auch ähnlich unwichtig) sind **Größe** und **Gewicht** eines Kandidaten. Dennoch ist das »Warmwerden« eines 1,60m-Chefs mit einem 2.10 m-Kandidaten oder einem, der mit 120 kg »für seine Gewichtsklasse deutlich zu klein ist« nicht ganz barrierefrei. Manchmal reicht schon das Aufeinandertreffen eines Rauchers mit einem Nichtraucher für Antipathien.

Ein wichtiger Faktor des »ersten Kontakts« ist die **Körpersprache** (80% der Kommunikation findet non-verbal statt!): Lacht der Kandidat auch mal, sitzt er selbstbewusst, bedrückt oder locker am Tisch? Wie ist seine Gestik und Mimik: souverän und vertrauenserweckend oder eher wild und unkoordiniert? Wie ist der Augenkontakt: Sucht er ihn oder weicht er ihm eher aus, leuchten die Augen beim Präsentieren seines Werdegangs oder wirken sie eher blass, gestresst und verbraucht? Ist der Händedruck feucht-schlapp oder schraubstock-hart?

Die **Optik** (gibt es eine Übereinstimmung von Lichtbild und Realität?) reicht von der Statur bis hin zur Haarlänge (von Glatze bis schulterlang). Detailorientierte finden noch Bemerkenswertes vom Bartwuchs bis zu den Fingernägeln.

Gleich danach kommen die **Sprache** und **Rhetorik**: Spricht der Kandidat laut, sehr schnell und dominant (man kommt kaum zum Fragen), hat er (vor allem bei Männern interessant) eine vertrauensvoll-sonore oder eine vorpubertär-fiepsige Stimme? Wirkt ein Dialekt sympathisch oder eher abstoßend (auch dies ist abhängig vom Zuhörer und der Region)? Ist seine Sprache einfach und umgangssprachlich oder drückt er sich sehr gewählt und grammatikalisch korrekt aus?

Wie ist der Kandidat **gekleidet**: normaler Business-Look oder gemäß der Situation eher over-/underdressed, eher förmlich oder eher leger? Passt die Kleidung zu ihm oder harmonieren Textil und Person absolut nicht? Ist eine Brille – unabhängig von aktuellen Modetrends – bewusst provokativ, markant oder oberlehrerhaft? Unterstreichen diese Merkmale seine Persönlichkeit oder konterkarieren sie diese?

Vermittelt der Kandidat **Format**, hat er Standing? Wirkt er eher »hand's on« oder gibt er sich betont akademisch? Verhält er sich sehr forsch und direkt oder eher zögerlich und zurückhaltend?

Bereits diese wenigen Merkmale entscheiden, ob im Interview mit dem potenziellen Vorgesetzten eine erste Sympathie aufkommt und sich eine Gesprächsatmosphäre entwickelt, in der sich alle Beteiligten wohl fühlen und sich das klassische Frage-Antwort-Spiel schnell zu einem interessanten Gespräch entwickelt: Würde man diesen Kandidaten auch mal gerne abends auf ein Bier einladen oder (von Frau zu Frau) auch mal zum Shoppen mitnehmen?

Interessant ist es in diesem Zusammenhang auch, den **Gesprächsverlauf** zu verfolgen. Dies ist für einen externen Beobachter einfacher als für den Gesprächsführenden und ein Argument dafür, auch mal einen nicht unmittelbar von der jeweiligen Rekrutierung betroffenen Kollegen zu einem Interview einzuladen. Wer gestaltet, führt, treibt und lenkt das Gespräch? Wer stellt die Fragen? Läuft das Gespräch nach dem geplanten Ablauf oder eher unkonventionell ab? Ist es überhaupt ein Gespräch oder sind es eher zwei getrennte Präsentationen (oft via USB-Stick und Beamer) oder gar ein »inquisitorisches« Verhör? Verläuft es sachlich-knapp, präzise, ausschweifend, zielorientiert oder eher belanglos? Können beide Seiten auch zuhören? Ist der Kandidat gut vorbereitet, hat er die Firma, die Funktion, potenzielle Konflikte, seine mögliche Positionierung analysiert, durchschaut und stellt entsprechende Fragen oder gibt sogar Anregungen? Sind diese berechtigt oder eher anmaßend? Wie viel Zeit und Energie hat der Kandidat zur Vorbereitung im Vorfeld investiert? Hat er alle seine Informationsquellen (Homepage, Personalberater, persönliches Netzwerk etc.) genutzt? Wie ist die »Gesprächsdramaturgie«: Gibt es einen souveränen oder eher mühsamen Start, flacht das Gespräch über die Zeitschiene ab oder wird es interessanter, gibt es Peaks? Bleibt eine »Grundspannung« erhalten oder driftet das Gespräch in die Belanglosigkeit ab? Spricht der Kandidat mehr über seine Position und Funktion oder mehr über seine Persönlichkeit und seine Rollen? Kämpfen beide Seiten für ihren Gegenüber oder hat das Gespräch eher den Charakter eines Standard-Rituals?

5.4.2 Dynamik & Energie
Die Wirtschaft ist kein Kuschelsofa

Ein wichtiger Teilaspekt einer Persönlichkeit, der unmittelbar in Zusammenhang mit der diskutierten Position steht, ist die »Dynamik« bzw. das »Energieniveau« eines Kandidaten. Dieses hinterlässt im und manchmal Monate nach dem Gespräch einen sehr prägenden Eindruck: »War das nicht dieser Nervöse mit den feuchten Händen oder dieser toughe, junge High Pot?« »War das nicht dieser kompromisslose Hardliner oder dieser ausgepowerte Marketingleiter?«

Da der Faktor »Energie« für die Bewältigung der vakanten Position, aber auch für die Passung zur Unternehmenskultur sehr wichtig ist, sollte der Berater bzw. der potenzielle Vorgesetzte die »Synchronisation der Taktzahlen« von Kandidat und Unternehmen, Abteilung und Vorgesetztem sehr sorgfältig analysieren und bewerten. Es gibt hier viele Parameter, Indikatoren und Kategorien, wie sich dieser Themenkomplex strukturieren lässt.

Wirkt der Kandidat **extrovertiert** oder eher **introvertiert,** ist er aktiv, passiv, souverän, kontaktscheu oder kontaktstark, hat er **Temperament?** Geht er das Gespräch offensiv an, diskutiert er eher defensiv, kann er aufmerksam zuhören?

Wie steht es um die **Vitalität** des Kandidaten? Wirkt er locker, gestresst, angespannt, routiniert? Energiegeladen, ausgebrannt, krank oder enttäuscht?

Wie ist seine **Motivation?** Ist sie eher **intrinsisch** (Arbeit ist in sich selbst belohnend) oder **extrinsisch** (Arbeit wird von außen belohnt: Anerkennung, Gehalt, Status etc.)? Ist er ein »Söldner-Typus«, der Leistung nur für Geld erbringt, ist er »hungrig« nach neuen Herausforderungen oder satt und zufrieden?[33] Was bewegt ihn, sich überdurchschnittlich zu engagieren? Wann, wann nicht, wie oft geht er »for the extra mile?«

Ist er **ehrgeizig,** strebt er aktiv nach Erfolg? Steckt er sich bewusst Ziele und setzt diese zielstrebig, beharrlich oder gar hartnäckig um? Wie geht er mit Rückschlägen um: Versucht er es immer wieder, resigniert er, flüchtet er in die bequeme Routine?

Braucht er **Erfolg** und wie regelmäßig? Wie geht er mit Phasen um, die nicht permanent Erfolgserlebnisse bieten? Was frustriert ihn? Wie geht er mit Frust um, wie baut er ihn ab, existieren Ventile? Wie ist seine Einsatzbereitschaft und Belastbarkeit? Hat er Spaß bei seiner Arbeit oder ist sie eher eine Belastung? Wirkt er unter- oder eher überfordert?

---

33 // Zufriedenheit hat zwei Dimensionen: Im Philosophischen einen (erstrebenswerten) Zustand von Glück, im Wirtschaftsalltag einen von Antriebslosigkeit und Lethargie.

Folgende Indikatoren gehören auf jede »persönliche« Bewerber-Checkliste zum Thema Dynamik & Energie:
- Begeisterungsfähigkeit, Enthusiasmus
- Belastbarkeit
- Charisma
- Durchhaltevermögen
- Durchsetzungs-/Umsetzungsstärke
- Ehrgeiz
- Empathie/Einfühlungsvermögen/Empfindlichkeit
- Entscheidungsfreude/-stärke
- Frustrationstoleranz
- Geschwindigkeit/Elan/Flexibilität
- Innovations-/Lern-/Veränderungsbereitschaft/Kreativität
- Kommunikation
- Konfliktfähigkeit
- Konsequenz
- Kontaktstärke/Initiative
- Leistungsbereitschaft/Engagement
- Mut/Risikobereitschaft
- Neugier
- Optimismus/Realismus
- Selbstbewusstsein
- Teamfähigkeit/Kooperationsfähigkeit
- Willensstärke
- Zuhören können

Wie steht es um **Mut, Risiko- und Veränderungsbereitschaft?**[34] »Mut ist die erste aller menschlichen Qualitäten, erst Courage ermöglicht Integrität, Aufrichtigkeit, Kreativität und Vertrauen. Ohne Mut gibt es keine eigene Meinung, keine unkonventionellen Entscheidungen, keine

---

34 // Seit den 1980er und 90er-Jahren beobachten Soziologen eine verstärkte Wagnis- und Risiko-Kultur – meist jedoch nach der Arbeit, wenn Risiko- und Extremsportarten den ultimativen »Kick« bieten.

Innovation, kein Ausbrechen aus der Routine, keinen Pioniergeist, kein Wachstum«, sagte Winston CHURCHILL.

Wie oft, wann und unter welchen Umständen wurde eine »klare Stellung bezogen«, die »persönliche Komfortzone« verlassen, gegen den **»Mainstream«** agiert und Neuland oder gar ein »Mienenfeld« betreten? Wie sind die Erfahrungen beim Übertreten der »red line?« ANTOINE DE SAINT-EXUPÉRY sagt dazu: »Gehe nicht nur die glatten Straßen. Geh Wege, die noch niemand ging, damit du Spuren hinterlässt und nicht nur Staub.«

Hier sind auch die Unternehmen gefordert, die in der Realität Mut weniger als Tugend belohnen als vielmehr als Kündigungsgrund betrachten. Mut wird nur als gut bewertet, wenn er zum Erfolg (ge-) führt (hat). Möchten Mitarbeiter und Führungskräfte neue Wege zu gehen, werden sie oft aufgefordert, sie bei anderen Unternehmen einzuschlagen. Gerade in Deutschland tun sich viele Unternehmen schwer, z.B. mutige, aber gescheiterte Unternehmensgründer einzustellen.

Wie oft hat der Kandidat zu lange am Bewährten festgehalten, wie oft zu spät losgelassen? Hat er daraus gelernt oder ist fehlende **Flexibilität** zum Charaktermerkmal geworden? Gibt es auf der anderen Seite Indizien für Sprunghaftigkeit oder Naivität?

Welche Rolle spielt die Angst? Angst vor dem Scheitern, Angst vor den Folgen gravierender Entscheidungen, Angst um die Existenz. »Angst und Mut gehören untrennbar zusammen. Wer keine Angst hat, braucht auch keinen Mut. Angst zeigt mir Mängel in der Vorbereitung. Also arbeite ich an mir, bis ich die Angst zurückgedrängt habe« (R. MESSNER).

Wie ist die Bereitschaft, der Wille zu **Veränderung** und deren Umsetzung: Prägt Konstanz und ein stabiles Umfeld den Werdegang eines Kandidaten, wurde er durch **externe** Faktoren mit Veränderungen konfrontiert oder ist er jemand, der **selbst** permanent Veränderungen herbeiführt und diese konsequent vollzieht. Wie waren die Ergebnisse? G. C. LICHTENBERG sagt dazu: »Es ist nicht gesagt, dass es besser wird, wenn es anders wird. Wenn es aber besser werden soll, muss es anders werden.«

Ist der Kandidat **kreativ,** neugierig, innovations- und experimentierfreudig? Oder eher zaudernd? Ich meine: Wer immer den gleichen Weg geht, wird auch immer am gleichen Ziel ankommen!

Wie ist seine **Integrationsfähigkeit** einzuschätzen: Ist er ein Hardliner, ein Individualist, ein »Sozialallergiker« oder eher ein Teamplayer? Wie entschlossen, **durchsetzungsstark** und initiativ war der Kandidat in seinem bisherigen Leben: eher zurückhaltend und abwartend, kompromissorientiert oder stur, eigenwillig oder eigensinnig (je nach Zusammenhang und Region wird dieses Wort mal als Schimpfwort, mal als Kompliment verwendet!) und dickköpfig?

Im Business-Alltag verstecken sich viele Manager hinter **Kompromissen** und entziehen sich damit der Verantwortung! Dadurch entsteht Mittelmäßigkeit und Lähmung. Oft fördert eine klare, offene, kontroverse Diskussion im Rahmen einer konstruktiven **Streitkultur** erst die wichtigen Parameter zutage, auf deren Basis man gute Entscheidungen treffen kann. Dazu braucht man allerdings **Querdenker** und Wege, deren Ideen zu kanalisieren. Viele Führungskräfte machen bei der Umsetzung ihrer innovativen Ideen die Erfahrung: Wer dagegen ist, sucht Gründe, wer dafür ist, findet Wege (irische Volksweisheit).

Hat sich der Kandidat **Herausforderungen** gestellt und diese gesucht oder wurden sie ihm gestellt? Hat er Herausforderungen gemieden? Wie ausgeprägt ist seine **Willensstärke?**[35] Feinsinnige Analysten unterscheiden hier noch zwischen »Wünschen« und »Wollen«: Ein Mensch kann mit dem **Wunsch,** einmal auszuwandern, im Heimatland alt werden. Steht dagegen der **Wille** auszuwandern, unternimmt er einiges, um dieses Ziel auch zu erreichen. Eng mit der Frage nach Willensstärke verbunden ist auch die nach **Umsetzungsstärke.**

Wie groß ist seine **Überzeugungskraft** und auf welcher Basis findet sie statt? Ist es Authentizität, Autorität, fachliches Know-how oder gar »Herrschaftswissen?«

---

35 // Willensstärke ist auch ein wesentlicher Parameter für die Potenzialeinschätzung (siehe Kap. 5.1.2).

Wie **entscheidungsfreudig** ist der Kandidat? Wurden im Karriereverlauf wichtige Entscheidungen getroffen, geschoben oder auf andere Ebenen verlagert, wurden durch nicht getroffene Entscheidungen Teams oder ganze Unternehmen blockiert?

Wie sind sein **Urteilsvermögen** und seine **Analysefähigkeit** einzuschätzen? Ist er ein Perfektionist, der die Dinge immer 100%ig macht oder agiert er bereits, wenn er lediglich zu 80% vorbereitet und sicher ist?

Wie groß ist sein Grad und Bedarf an **Freiheit** und **Unabhängigkeit**? Kann er mit Grenzen umgehen, wo stieß er bisher an diese? Erkannte er sie? In welcher Weise wirkt sich dies auf sein Umfeld und seine Vorgesetzten und Mitarbeiter aus? Um mit dem Philosophen I. BERLIN zu fragen: Ist ein Kandidat **autark**, das heißt frei von Zwängen, Bindungen, Hemmungen und Konventionen oder ist er **autonom**, das heißt **frei für** die Definition und konsequente Verfolgung von Zielen, die er für gut erachtet – wohl wissend, dass eine Zunahme von Selbstbestimmung mit einer Zunahme von Risiken einhergeht: Die Freiheit des Menschen ist auch die Freiheit des Scheiterns! Excellence und Spitzenleistung gedeihen jedoch nur auf dem Boden der Autonomie.

Ist ein Kandidat **rational** oder **emotional,** technokratisch oder sensibel? Trifft er Entscheidungen nach langen Analysen oder eher spontan »aus dem Bauch?« Wie groß ist sein Sicherheitsbedürfnis? Schafft er für sich und seine Mannschaft Sicherheitsgitter und Rückversicherungen oder verstößt er bewusst auch mal gegen Konventionen? Wenn ja, mit welchen Folgen? Waren solche »Verstöße« die Basis für Innovationen und Prozessverbesserungen oder reine »Machtspiele?« Gab es Verlierer?

5.4.3 Authentizität und Charisma
Wer nur in die Fußstapfen anderer tritt, wird sie nicht überholen

Kaum aussprechbar und doch ein Kompliment und Prädikat: **Authentizität** könnte man definieren als Übereinstimmung von Gesagtem, Gelebtem und der Überzeugung. Ein Mensch ist authentisch,[36] wenn er sich schnörkellos, echt, offen, glaubwürdig, ohne Show, Hintergedanken und Anbiedern so präsentiert wie er ist – selbst auf die Gefahr hin, Nachteile (z.B. Ablehnung in einem Bewerbungsinterview) zu haben. Sein Gegenüber muss keine Abstriche beim Gesagten machen, keine komplexen Schlüsse ziehen, nichts in Frage stellen. Er hat das Gefühl, die Wahrheit und das Wesen des Menschen hundertprozentig erfassen zu können. Authentisch ist ein Mensch auch, wenn er leidenschaftlich sein Tun und seine Werte vertritt – unabhängig davon, ob sie richtig oder falsch, fragwürdig oder politisch korrekt, gefragt oder nicht gefragt sind. Authentizität ist auch eine Frage von Augenhöhe und Augenmaß!

Authentizität ist auch eine wichtige Säule von **Führungseignung** (vgl. Kap. 5.2.3): Wehen die Fahnen des Vorgesetzten nicht permanent in neue Richtungen, können sich Mitarbeiter orientieren. Sie wissen, woran sie sind. Eine andere wesentliche Säule ist **Charisma,** die Leidenschaft, das »feu sacré«, für Ideen, Werte und Ziele zu kämpfen.

Die Basis für Authentizität und Charisma ist ein persönliches Wertegerüst, basierend auf einem bestimmten Menschenbild, bestimmten Tugenden und einer bestimmten Ethik. Solche Werte sind beispielsweise charakterliche Integrität, Fairness, Selbstdisziplin, Verantwortung und Hilfsbereitschaft. Sie vermitteln Mitarbeitern Verlässlichkeit, Vertrauen, Planbarkeit, Souveränität, Unabhängigkeit, Überzeugungskraft und nicht zuletzt auch Optimismus und Autorität. Anpassung und Anbiederei mag im einen oder anderen Fall karrierefördernd sein, langfristige **Zufriedenheit** und nachhaltigen Erfolg ziehen sie selten nach sich, innere **Ausgeglichenheit** nie. Menschen, die mit sich nicht »im Reinen« sind, brauchen häufig mehr Energie, um ihre Scheinwelt zu schützen als für

---

36 // Authentizität ist übrigens kein Attribut, das nur auf Personen zutrifft. Auch Unternehmen können gegenüber Kunden, Lieferanten, in ihrer Produkt- und Preispolitik usw. authentisch sein.

37 // STEVE JOBS sagte einmal in einer Rede vor Absolventen der Stanford University: »Der Weg zu wirklicher Erfüllung ist, eine Arbeit zu finden, die Sie wirklich gut finden. Wirklich gute Arbeit können Sie nur leisten, wenn Sie Ihre Arbeit lieben. Wenn Sie diese noch nicht gefunden haben, suchen Sie weiter! Ihre Zeit ist begrenzt, also verschwenden Sie sie nicht, indem Sie anderer Leute Leben leben!«

ihre eigentliche Aufgabe.³⁷ Das verhindert Konzentration und Klarheit und damit oft präzise Entscheidungen.

Wo der Grat zwischen Authentizität und Anpassung verläuft, ist relativ und muss von jedem selbst definiert werden. Die dramatischen historischen Fragen, ob es besser ist, den Schierlingsbecher zu trinken oder trotz tiefer Überzeugung seine Meinung zu widerrufen, stellen sich vergleichsweise selten. Aber auch die klare Antwort auf weniger folgenreiche Fragestellungen ist ein Zeugnis von Konsequenz.

5.4.4 Die Intelligenz
Analysieren – verstehen – abstrahieren – umsetzen

Bei der Bewertung von Intelligenz sind im Rahmen von Einstellungsverfahren weniger die seit Generationen diskutierten Ausprägungen »vererbt« oder »erworben« entscheidend, sondern vielmehr die Frage »existent« oder »nicht existent«. Zentrale Punkte dabei sind die Art, Schnelligkeit und Menge der aufgenommenen Informationen, deren Verarbeitung und die daraus resultierenden Folgerungen.³⁸

Eng damit zusammen hängt auch die »Visibilität« der Intelligenz: Ein 1,0er Abitur und eine Promotion »summa cum laude« dokumentieren zwar Intelligenz, noch interessanter ist jedoch die Frage, wie der Manager seine Intelligenz im Business-Alltag umsetzt: in der Führung, als Innovator, als Stratege, als Sanierer usw.

In Kandidateninterviews ist häufig schön zu beobachten, ob ein Kandidat der Darstellung komplexer Sachverhalte schnell folgen kann, schon nach kurzer Zeit die folgerichtigen Fragen stellt und dadurch dokumentiert, dass er nicht nur verstanden hat, sondern bereits in Lösungen denkt. Wie viele Informationen braucht er, um die ersten logischen Schlüsse zu ziehen? Wie analytisch geht er an neue Sachverhalte heran, wie schnell folgen konzeptionelle Ideen? Hält er sich eher zurück und

---

38 // Ergänzend dazu ist für Führungskräfte (und Berater) nach D. GOLEMAN auch die emotionale Intelligenz (z.B. Empathie) sowie die soziale Intelligenz bzw. soziale Kompetenz sehr wichtig.

brilliert anschließend mit einer evidenten Strategie oder folgert er spontan und schnell – auch auf die Gefahr hin, das ein oder andere Mal auch »zurückrudern« zu müssen? Sind Strategien für seine Arbeit überhaupt wichtig, macht er diese selbst oder ist er eher der operative Macher und stolz auf seine »hand's on«-Mentalität?

In Rekrutierungsprojekten ist der Personalberater in der Diskussion mit seinen Kunden häufig mit der Fragestellung nach der »Rezeptur« für eine optimale Besetzung konfrontiert: Erfahrung, Intelligenz oder Potenzial? Meistert der zukünftige Manager die anstehende Herausforderung, weil er (retrospektiv gesehen) schon Erfahrungen für diese Aufgabe gesammelt hat oder bringt er (prospektiv gesehen) die Intelligenz und das (intellektuelle) Potenzial (siehe auch Kap. 5.5) mit, die Situation schnell zu erfassen und die richtigen Entscheidungen zu treffen? Das hängt auch davon ab, ob eher die **Lösung von Problemen** oder die **Nutzung von Chancen** im Vordergrund steht. Auch die Zeitschiene ist dabei zu berücksichtigen: Was hilft kurzfristig, was langfristig?

5.5 Kompetenz- und Potenzialprofilierung
Von Stars und Sternschnuppen

Viele Personalberater behaupten, die Bewertung von Managementkompetenzen und -potenzialen sei ein Akt der **Personalentwicklung** und nicht der **Selektion**. Und dies wahrscheinlich deshalb, weil sie den Teilnehmern entsprechender Veranstaltungen und Audits die Angst und ihre Hemmungen nehmen wollen oder zumindest Bedenken haben, dass Ressentiments der Teilnehmer ihre »quasiobjektiven« Ergebnisse verzerren könnten und daraus die falschen Schlüsse gezogen werden, für deren Konsequenzen die Berater nicht gerne die Verantwortung übernehmen. Sie betonen in den Eröffnungsworkshops auch gebetsmühlenartig, dass das anstehende Procedere kein Prüfverfahren, sondern eher ein Expertengespräch ist. Wenn dem so ist, dann ist auch die TÜV-Untersuchung eines Autos ein auf Freiwilligkeit basierendes Expertengespräch zweier Autofreaks mit dem Ziel, die Performance des Autos nachhaltig zu steigern!

Ich bin der Meinung, die Bewertung von Kompetenzen und Potenzialen ist ein Instrument zur:
1. **Diagnose:** Feststellung von Stärken, Schwächen und Potenzialen
2. **Kontrolle:** Überprüfung von erwarteten und definierten Leistungen (z.B. im Zuge von Zielvereinbarungsgesprächen)
3. **Feedback:** Rückmeldung der (Kontroll-) Ergebnisse und Spiegelung mit den Einschätzungen, Zielen und Erwartungen des Mitarbeiters
4. **Selektion:** Identifikation der Unternehmens-Elite, der Leistungsträger (Key Performer), Potenzialträger (High Potentials) und Management-Schwachstellen (Low Performer).

   Hier gibt es Gewinner und Verlierer. **Gewinner** sind diejenigen, deren Bewertung sehr gut ist und die mit oder ohne Entwicklungsmaßnahmen weiter Leistung bringen oder das Potenzial für weitere Karriereschritte haben. Gewinner sind auch die, deren Bewertung »nur« gut ist, denen man aber mit Hilfe von unterstützenden Maßnahmen (Seminare, Management-Trainings, Job-Rotations, die Mitarbeit in strategischen Projekten etc.) – gegebenenfalls auch ohne großes Potenzial – eine überschaubare Weiterentwicklung zutraut.

   Aller Personalentwicklungseuphorie zum Trotz: Es ist auch gut, wenn genau die **richtigen** Personen (im richtigen Unternehmen) am **richtigen** Platz sitzen! Jede Änderung würde die Situation für alle Beteiligten verschlechtern!

   Verlierer sind die, die keine Leistung bringen (wollen) und denen auch keine Potenziale attestiert werden. Sie sollten ihre aktuelle Position (vielleicht gibt es eine geeignetere, gegebenenfalls weniger verantwortungsvolle im Unternehmen?) oder gar das Unternehmen verlassen.
5. **Personalentwicklung:** Entscheidung über den weiteren »Einsatz« des Mitarbeiters (Verbleib auf der Position, Angebot einer anderen, höher- oder minderwertigeren Position, Kündigung des Mitarbeiters) und den Invest in seine Weiterbildung.

An dieser Stelle möchte ich nochmals betonen, dass weder die Kompetenz- und Leistungsbewertung (diese noch eher) noch die Potenzialeinschätzung **objektiv** ist. Aber beides sollte das Ergebnis einer sorgfältigen Analyse und eines nachvollziehbaren »Ringens« aller Beteiligter um die »Wahrheit« sein. Strukturiertes Vorgehen und transparentes Darstellen der Einschätzungen schaffen hier klare Verhältnisse. Falsche Schlüsse durch leichtfertige oder unqualifizierte Führungskräfte haben fatale Folgen: Sie schätzen die Potenziale (für den Faktor »Kompetenz« gilt Ähnliches) von Mitarbeitern falsch ein (vgl. Kap. 5.1.3: Fehler I. und II. Art), was einerseits zur Duldung bzw. Einstellung schlechter Mitarbeiter (die übrigens ihre schlechten Führungskräfte auch nicht attackieren) und andererseits zur Frustration, Kündigung bzw. Nicht-Einstellung guter Mitarbeiter führt (vgl. Abb. 28). Beste Voraussetzungen, die »Spirale der Inkompetenz« in Gang zu setzen.

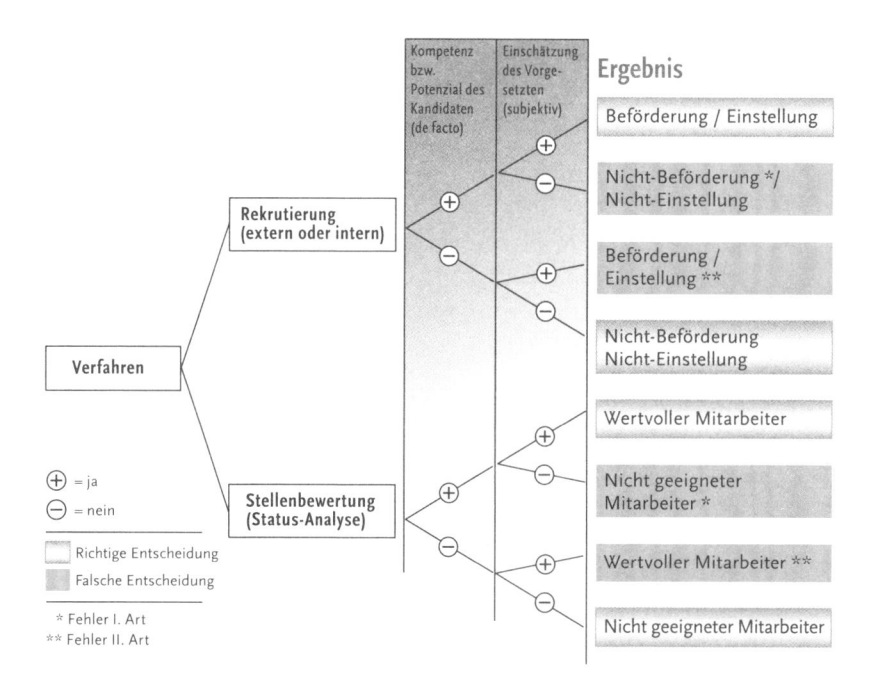

Abb. 28 // HR-diagnostische Ergebnisse und ihre Konsequenzen

Kompetenz und **Potenzial** sind zwei völlig verschiedene Parameter, die in Rekrutierungsprojekten häufig »gleichgeschaltet« Verwendung finden. Hat ein Kandidat eine hohe Kompetenz (d.h. bis dato eine gute Leistungs- und Erfolgsbilanz), wird ihm auch ein hohes Potenzial (d.h. eine ausgeprägte zukünftige Leistungsfähigkeit) attestiert. Die Realität zeigt jedoch, dass das eine mit dem anderen nur bedingt zusammenhängt und beides für ein Unternehmen bzw. für eine zu besetzende Position unterschiedlich wichtig ist. Das bedeutet wiederum, dass man Leistung und Potenzial in Relation setzen muss (vgl. Abb. 29) und beides auch über den Zeitverlauf betrachten sollte (vgl. Abb. 30).

Kompetenzen versus Potenziale
Hochkompetente **und** potenzialträchtige Mitarbeiter sind für ein Unternehmen sehr wichtig. Ideal für die Unternehmensentwicklung ist es, wenn beide Faktoren zusammen auftreten. Nicht kompetente **und** gleichzeitig nicht potenzialträchtige Mitarbeiter sind für das Unternehmen eine Gefahr und bremsen (bzw. gefährden) seine Fortentwicklung. Treten Kompetenz und Potenzial getrennt auf, ist **Führung** besonders gefragt: Kompetente Mitarbeiter (ohne großes Potenzial) sind zu **fordern**, potenzialträchtige Mitarbeiter (die heute eine geringe Kompetenz haben oder noch niedrige Leistung bringen) sind zu **fördern,** d.h. ihnen muss man ein Umfeld bieten, in dem sie auch Leistung bringen und Kompetenz erwerben können.

Kompetenzen und Potenziale in einer Zeitbetrachtung
Die Betrachtung von Leistung und Kompetenz bzw. Leistungsfähigkeit und Potenzial ist immer auch eine Frage des **Zeitpunktes** und der betrachteten **Zeitdauer**. Die langjährige Führungskraft hat sicherlich mehr Kompetenz als der Young Professional. Dieser aber nicht unbedingt mehr Potenzial als sein gestandener Kollege. Deshalb ist es hilfreich, wenn man versucht, individuelle »Kompetenz- und Potenzialkurven« über die Zeitschiene zu skizzieren und gegebenenfalls die Kurven verschiedener Kandidaten zu vergleichen.

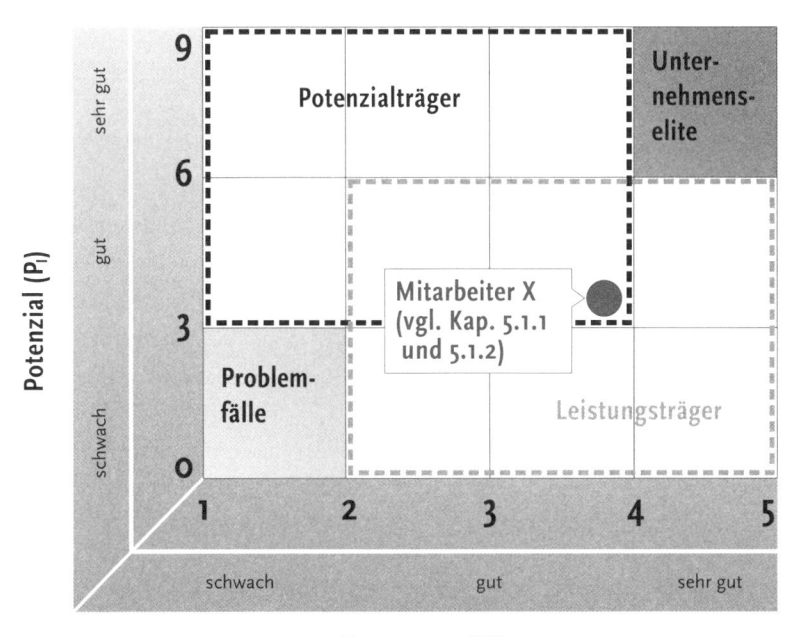

Kompetenz (K$_I$)

Der Mitarbeiter X ist ein kompetenter Leistungsträger mit etwas Potenzial für eine bestimmte Position. Das hängt vor allem an den anspruchsvollen Zielvorstellungen (Z$_U$=4,40) des Unternehmens für diese Position (vgl. Kap. 5.1.2). Für eine andere Position in einem anderen Unternehmen könnte derselbe Mitarbeiter für die dortige Position ein viel höheres Potenzial haben.

Abb. 29 // Kompetenz- und Potenzialprofilierung[39]

Wesentliche Parameter sind dabei die »Steilheit« (relative Kompetenz/ Potenzial pro Zeiteinheit) und die »Höhe« (absolute Kompetenz/Potenzial) der Kurve sowie der Zeitpunkt t_0 (heute): Links des Schnittpunktes mit t_0 (heute) wird die Kompetenz dargestellt, rechts davon das Potenzial (die zukünftig erwartete Leistungsfähigkeit). Beide Kurven schneiden bestimmte Aufgabenstellungen (oder auch in Aussicht gestellte Positionen in der Unternehmenshierarchie), mit denen ein Unternehmen bzw. ein bestimmter Manager konfrontiert wird.

[39] // Da der Potenzialindex P$_I$ in der Realität selten über 10 liegt, wird die y-Achse begrenzt.

Der Kandidat // Das Objekt der Begierde

Die Abbildung 30 zeigt die Kompetenz- und Potenzialkurven zweier Kandidaten vor dem Hintergrund zweier Aufgabenstellungen (Aufgabe I und 2) in einem Unternehmen und besonderer Betrachtung zweier Zeitpunkte (t_0 und t_4):

Kandidat I hat zum heutigen Zeitpunkt t_0 eine höhere Kompetenz (B) als Kandidat 2 (A). Aufgrund seines geringeren Potenzials bewältigt er jedoch gerade noch Aufgabe I (C), jedoch nicht Aufgabe 2. Der Kandidat 2 erreicht trotz schlechterer Ausgangslage Aufgabenstellung I schneller (D) als sein Kollege (C) und hat danach weiteres Potenzial, auch die Aufgabenstellung 2 (E) souverän zu bewältigen. Zum Zeitpunkt t_4, wenn Kandidat I die Aufgabe I gerade bewältigt (C), ist der potenzialträchtigere Kandidat 2 bereits in der Umsetzung der Aufgabe 2.

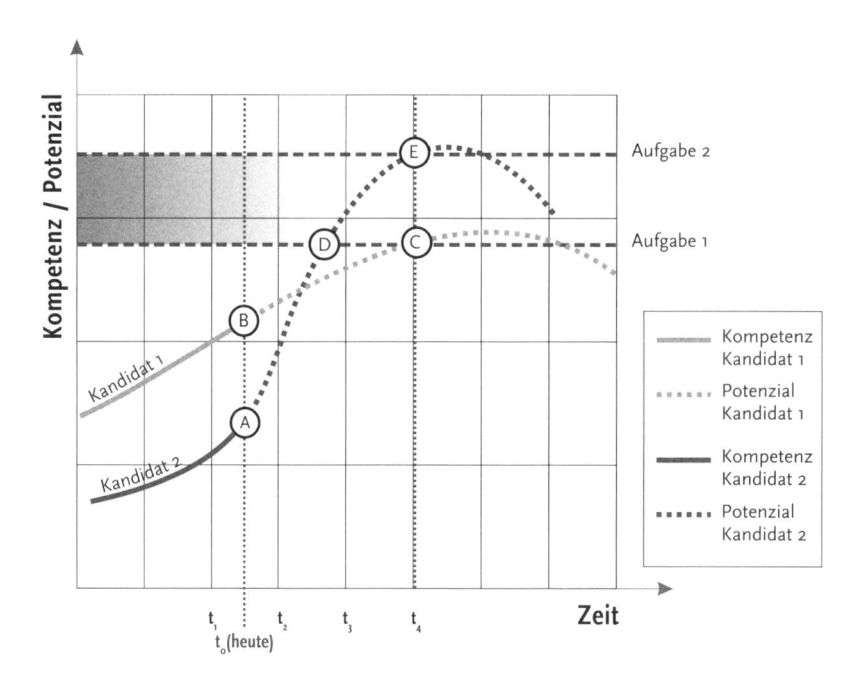

Abb. 30 // Kompetenz- und Potenzialkurven

Dieses Beispiel zeigt, dass nicht immer der kompetentere Kandidat die bessere Wahl ist. Besonders bei anspruchsvollen und permanent steigenden oder sich verändernden Aufgabenstellungen und Anforderungen ist das Potenzial eines Kandidaten als Parameter wichtiger als seine Kompetenz, bisherige Leistung und Erfahrung. Hier spielen Faktoren wie »Wille«, »Ehrgeiz«, »Erfolgshunger«, »Intelligenz«, »Intensive Weiterbildung« sowie eine persönliche und unternehmerische Vision (vgl. Kap. 5.1.2) eine viel zentralere Rolle als der reine Rückblick auf den bisher guten Karriereverlauf.

no. 6

Ein Beispiel aus der Praxis

Executive Search

6.1 Unternehmens- und Positionsanalyse

6.1.1 Die Situation des Unternehmens

Die Firma ALFRED SAIER GMBH ist ein mittelständisches, international aktives Familienunternehmen in der dritten Generation. Es beschäftigt 750 Mitarbeiter, davon 400 am Hauptstandort in Südwestdeutschland, 200 in Polen und 150 in Mexiko. Es produziert Metallkomponenten und -baugruppen für die Automobilindustrie (85% des Umsatzes), den Maschinenbau (12%) und die Medizintechnik (3%) und erwirtschaftet einen Umsatz von 71 Mio. Euro. Das Unternehmen ist in seinem Marktsegment (und Qualitätsniveau) in Europa führend, aufgrund seines relativ hohen Overheads jedoch auch der teuerste Anbieter.

Die Kernkompetenz des Unternehmens ist die hochpräzise Zerspanung in Großserie, d.h. die Produktion in hoher Fertigungstiefe. Die Kunden ordern die Produkte zunehmend kurzfristiger und in geringeren Losgrößen.

Über Jahrzehnte war am Markt kein aktiver Vertrieb notwendig. Man hat die Anfragen des Kunden technisch bewertet, ihn beraten und zur Produktion die idealen Fertigungsverfahren entwickelt. Die Produktentwicklung liegt in den Händen des Kunden.

Die Eigenkapitalquote der ALFRED SAIER GMBH beträgt 17%, der EBIT wird nicht kommuniziert.

Die Organisation (mit Fokus auf den Bereich Vertrieb/Marketing) sieht folgendermaßen aus:

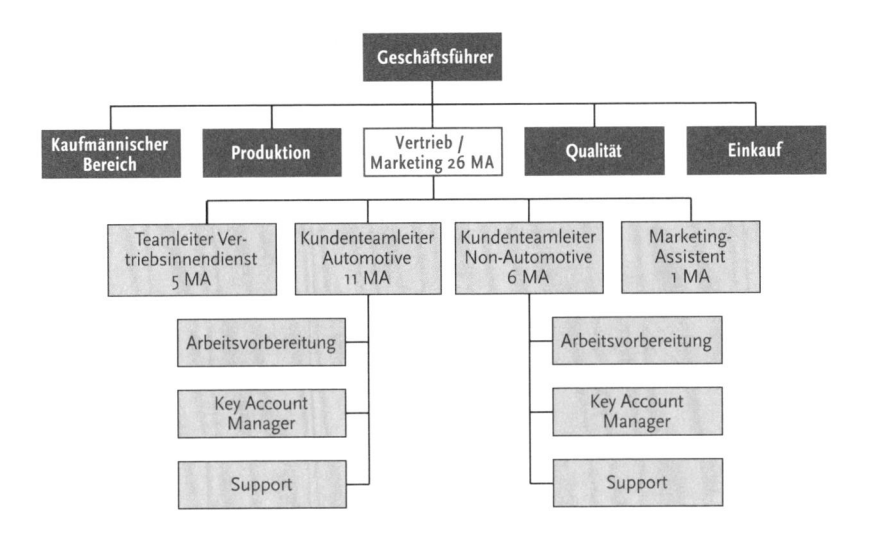

Abb. 31 // Das Organigramm der ALFRED SAIER GMBH

6.1.2 Das Branchenumfeld

Als TIER2-Lieferant steht die ALFRED SAIER GMBH unter steigendem Kostendruck. Einerseits von Seiten der Kunden (TIER1), deren Kosten in Richtung OEM total transparent sind, andererseits durch steigende Stahlpreise der Lieferanten. Sowohl auf Lieferanten- wie auf Kundenseite finden große Fusionen statt. Die entstehenden Großunternehmen wiederum reduzieren ihre Lieferantenbasis, verlagern vermehrt Wertschöpfung zu den verbleibenden Lieferanten, fordern jedoch permanente Kostenreduzierungen. Das zwingt die ALFRED SAIER GMBH zu Wachstum, zu der Produktion einbaufertiger Baugruppen sowie durch eine Forderung nach lokaler Belieferung der internationalen Werke der Kunden zu weiterer Internationalisierung. Höchste Qualitätsstandards (ISO TS 16949) und geringe Fehlerraten (im einstelligen ppm-Bereich) sind bei den sicherheitsrelevanten Präzisions-Teilen, die zerspanend hergestellt werden, in der Branche und für die ALFRED SAIER GMBH als A-Lieferant selbstverständlich. Das Unternehmen hat zwei weitere, starke, deutsche, mittelständische Wettbewerber sowie einige internationale Mitstreiter. Seit vielen Jahren beliefert das Unternehmen einen großen, internationalen Tier1-Zulieferer und erwirtschaftet mit diesem knapp 50% seines Umsatzes.

6.1.3 Die Unternehmenskultur

Die Alfred Saier GmbH wird als Familienunternehmen (12 Gesellschafter, drei davon im Unternehmen) von einem Familienmitglied als Geschäftsführer geführt, das seinen fachlichen Schwerpunkt in der Technik hat. Er wird im Management unterstützt von einem 5-köpfigen Management-Team, bestehend aus einem Vertriebs- und Marketingleiter, einem kaufmännischen Leiter sowie den Bereichsleitern für Technik/Produktion, Qualität und Einkauf. Seit dem Generationswechsel vor 10 Jahren entwickelt sich das Unternehmen von einem patriarchalisch geführten zu einem managementgeführten Unternehmen. Dadurch erhöht sich die Transparenz, das Kommunikationsverhalten sowie die Verantwortung für das Management-Team. Seit zwei Jahren werden Zielvereinbarungen geschlossen und daran variable Gehaltsbestandteile geknüpft sowie interdisziplinäre Projektteams installiert. Der Umgang mit den Kunden wird härter, der mit den Lieferanten kann als partnerschaftlich bezeichnet werden.

6.1.4 Markt & Innovation

Der Kundenfokus der Alfred Saier GmbH liegt eindeutig im Bereich Automotive. Dieser sorgte jahrelang für große, langlebige Serien und ein stabiles Geschäft. Der Vertrieb arbeitet v.a. re-aktiv auf Anfragen und ist noch heute absolut technisch geprägt. Der Länderfokus ist Deutschland, weil hier in den Headquartern der OEMs die Entwicklung stattfindet. Die Belieferung erfolgt direkt in die internationalen Werke der Kunden. Da die Kunden im Zuge ihres Wachstums permanent mehr Teile orderten, ist die Alfred Saier GmbH permanent mitgewachsen (im Schnitt

15-20% pro Jahr) und konnte in die modernsten Produktionsanlagen investieren. Es gab dadurch kaum Anlass, sich mit anderen Branchen zu beschäftigen. Die Profitabilität entwickelte sich durch enorme Investitionen nicht parallel zum Umsatz.

Die Produktinnovationen in diesem Markt-/Produktumfeld kommen vom Kunden. Die Innovationen der Alfred Saier GmbH finden v.a. im Bereich der Produktion durch neuere Fertigungsverfahren und deren intelligente Verkettung statt. Da ihre Produkte zunehmend auch durch grundlegend andere Fertigungsverfahren (z.B. Kaltfließpressen) ersetzt werden sowie von kleineren Firmen (ohne großen Overhead) abgewickelt werden können, erhöht sich der Wettbewerbsdruck ständig.

6.1.5 Position & Aufgaben

Gesucht wird ein/e Vertriebs- und Marketingleiter/in, da der jetzige Stelleninhaber gekündigt hat, um in einem anderen Unternehmen den nächsten beruflichen Schritt zu machen. Seine Kündigungsfrist beträgt drei Monate zum Quartalsende (de facto fünf Monate). Sollte bis zum Ausscheiden (in einem Aufhebungsvertrag wurden zwei Monate definiert) noch kein geeigneter Kandidat gefunden sein, übernimmt der kaufmännische Leiter die Position kommissarisch. Der Leiter Vertrieb/Marketing ist direkt dem Geschäftsführenden Gesellschafter unterstellt.

Es gibt unter den Mitarbeitern einen ambitionierten Ingenieur, der gerade seinen »Technischen Betriebswirt« absolviert hat und mit der Geschäftsführung weitere Möglichkeiten im Unternehmen diskutiert. Er kommt als möglicher interner Kandidat für diese Position in Betracht.

Die Aufgaben für den neuen Vertriebs- und Marketingleiter sind vielfältig, anspruchsvoll und lassen sich in drei Kategorien einteilen: Führung, Organisation und Markt.

Als Führungskraft hat der Leiter Vertrieb/Marketing 26 Mitarbeiter (zwei Kundenteams, Vertriebsinnendienst, Marketingassistenz) zur Verfügung, die einerseits aus älteren, erfahrenen, technisch geprägten Mitarbeitern und andererseits aus jungen, ambitionierten und relativ unerfahrenen Mitarbeitern bestehen. Das gesamte Team ist motiviert, hat aber relativ wenig akquisitorische und internationale Erfahrungen. Zwei der 26 Mitarbeiter sprechen verhandlungssicher englisch, eine Mitarbeiterin im Innendienst etwas französisch.

Die Prozesse im Bereich Vertrieb sind etabliert, jedoch zu langsam. Die Schnittstelle von Vertrieb zu Technik und Kalkulation funktioniert nicht sehr gut, so dass zu viele (nicht geeignete) Anfragen bearbeitet werden und die Erstellung der Angebote dadurch zu lange dauert. Ein Defizit besteht auch in der Verlässlichkeit der Mengenplanung, wodurch sich Unsicherheiten in der Produktions- und Investitionsplanung ergeben.

Der Hauptfokus der Tätigkeit liegt im Bereich Markt: Hier sind die Themen Internationalisierung, Aktivierung der Vertriebsarbeit (proaktiv statt re-aktiv), Erhöhung der Wertschöpfung für die Firma (Baugruppen, Montage), Kooperationen mit anderen Zulieferern, Stärkung der Profitabilität (exakte Kalkulation, präzise forecasts etc.) sowie eine Verbreiterung der Kundenbasis (auch in andere Branchen, wie z.B. Medizintechnik) wichtig und existenziell. Dadurch, dass die Mitarbeiter wenig Akquisitionserfahrung haben, ist der Vertriebs-/Marketingleiter selbst sehr stark am Markt aktiv, betreibt (inter-) nationales Business Development und »öffnet die Türen« für seine Mitarbeiter. Dadurch liegt sein Reiseanteil zwischen 30% und 40%.

6.1.6 Das Anforderungsprofil

Der zukünftige Leiter Vertrieb/Marketing muss Vertriebserfahrungen aus der Automobilindustrie mitbringen, die er idealerweise bei einem mittelständischen Tier2-Lieferanten (der z.B. mechanische Komponenten und Baugruppen produziert) erworben hat. Da die Alfred Saier GmbH technisch sehr gute Mitarbeiter (auch im Vertrieb) hat, kann der Bereichsleiter Ingenieur oder Betriebswirt (Universität oder Fachhochschule) sein. Der Kandidat sollte fundierte Führungserfahrungen mitbringen. Führungsgeeignete Personen aus den Bereichen Key Account Management, Projektierung und Projektleitung/Program Management werden jedoch auch berücksichtigt. Erfahrungen im Marketing (Messen, Events, Produktmanagement etc.) wären vorteilhaft, sehr gute englische Sprachkenntnisse sind unbedingt erforderlich.

Ein wichtiger Bestandteil des Anforderungsprofils ist die Kommunikation, einerseits (inter-) national, andererseits auf verschiedenen Ebenen (vom Geschäftsführer des Kunden bis zum Produktionsmitarbeiter im Haus). Dies besonders deshalb, weil enorme Arbeit an den Schnittstellen ansteht: beim Kunden (mit den Abteilungen F+E, Einkauf, Logistik, QS und den Werken), aber auch im eigenen Unternehmen (mit den Bereichen Industrial Engineering/Produktion, Finanzen/Controlling, Geschäftsführung, Einkauf/Logistik und den drei Werken).

Die Geschäftsführung der ALFRED SAIER GMBH möchte bei diesem Profil auf folgende **Persönlichkeitsmerkmale** besonderen Wert legen:

Körpersprache, Rhetorik, Format, Vitalität, Motivation, Ehrgeiz, Begeisterungsfähigkeit, Durchhaltevermögen, Empathie, Frustrationstoleranz, Kommunikation, Veränderungsbereitschaft, Kontaktstärke, Mut, Willensstärke, Optimismus sowie Entscheidungsfreude.

Ein mögliches **Gehaltsmodell** für sehr gute Kandidaten wäre: 90.000 Euro fix, 20.000 Euro variabel (bei 100% Zielerreichung in den Bereichen Umsatz, Ertrag, persönliche Ziele), eine betriebliche Altersvorsorge sowie einen PKW der gehobenen Mittelklasse (Budget netto 40.000 Euro) auch zur privaten Nutzung. Die Zielerreichung kann sich von 80% bis zu 120% erstrecken.

6.2 Suchstrategie/Methodik

Die Suche erfolgt sehr breit über eine Anzeige in der FAZ sowie eine Web-Anzeige unter www.stepstone.de. Hier wird ein breites Klientel mit Vertriebs-/Projekterfahrung in der Automotive-Branche angesprochen. Flankiert wird dies durch eine intensive Direktansprache von Kandidaten aus der Datenbank der Personalberatungsfirma sowie im engsten Branchenumfeld der ALFRED SAIER GMBH mit dem Fokus: Mittelstand – Automotive – Metall- oder Kunststoff-Komponenten/Baugruppen

(Zerspanungs-, Umform-, Guss-, Spritzguss-, Extrusions-, Sinterteile etc.). Ideal wäre ein ambitionierter Nachwuchskandidat mit ersten Führungserfahrungen und signifikantem Potenzial für diese Aufgabe.

Die Unterlagen der Kandidaten aus der anzeigenbasierten Suche werden selektiert, es folgen ca. 20-minütige Telefoninterviews zur Vervollständigung der Information und Gewinnung eines ersten Eindrucks, zweistündige, persönliche Interviews mit den ausgewählten Kandidaten.

Der interne Kandidat kommt in den Kandidaten-Pool des Beraters für dieses Projekt und bekommt wie alle anderen selektierten Kandidaten ein persönliches Interview, das bei Bedarf durch eine halbtägige, intensive Kompetenz- und Potenzialanalyse ergänzt wird.

Mit den beiden Endkandidaten werden im Zuge einer intensiven Kompetenz- und Potenzialanalyse zwei Case Studies durchgeführt, beide auf die aktuelle Situation in der ALFRED SAIER GMBH fokussiert. Eine wird nach der ersten Vorstellrunde als Vorbereitung zu einer zweiten vom Kandidaten zu Hause erstellt und hat die Marktbearbeitung (Ziele, Chancen, Risiken, etc.) zum Thema, die andere wird spontan in der zweiten Runde gestellt: Hier wird der Kandidat mit der aktuellen Mitarbeitersituation konfrontiert und spontan nach fünf Handlungsfeldern befragt. Ergänzt werden die Case Studies durch einen Persönlichkeitstest mit dem Schwerpunkt »Führung«, dessen Ergebnisse vom Berater, der Geschäftsführung und dem Kandidaten offen diskutiert werden. Über den Endkandidaten werden im Anschluss zwei Referenzen eingeholt.

Da weder die Kunden noch die Mitarbeiter verunsichert werden sollen, wird zunächst »top secret« gesucht.

6.3 Kompetenz- und Potenzialanalyse

Grundlage der Bewertung der Kandidaten ist ein Kompetenzprofil, bestehend aus den Hauptkategorien »Werdegang«, »Fachliche Kompetenz« und »Persönlichkeit«. Dabei wird der »Werdegang« weiter differenziert nach »(Aus-)Bildung«, »Führung«, »Internationalität«, »Berufserfahrung«, »Leistung & Erfolge« sowie »Rahmendaten«. Die »Fachliche

		gw_i	Kandidat 1 w_i					Kandidat 2 w_i				
		Gewichtung (%)	1	2	3	4	5	1	2	3	4	5
Werdegang	(Aus-) Bildung	80				×						×
	Führung	150	×									×
	Internationalität	200			×						×	
	Berufserfahrung	100			×							×
	Leistung & Erfolge	100	×								×	
	Rahmendaten	70			×						×	
	Σgw_i	700	w = 2,83					w = 4,50				
			W = 2,93					W = 4,47				

		gf_i	f_i					f_i				
		Gewichtung (%)	1	2	3	4	5	1	2	3	4	5
Fachliche Kompetenz	Theoretisches Wissen	100				×				×		
	Praktische Erfahrung	175		×							×	
	Methodik & Werte	90			×						×	
	Σgf_i	365	f = 3,67					f = 4,00				
			F = 3,55					F = 4,00				

		gp_i	p_i					p_i				
		Gewichtung (%)	1	2	3	4	5	1	2	3	4	5
Persönlichkeit	Erster Kontakt	175					×	×				
	Dynamik & Energie	150					×	×				
	Authent. & Charisma	100				×					×	
	Intelligenz	100					×			×		
	Σgp_i	525	p = 4,75					p = 3,25				
			P = 4,81					P = 3,19				

	Kandidat 1	Kandidat 2
K_i	3,75	3,92
K_i (gewichtet)	3,76	3,89
P_i	5,95	4,54

Abb. 32 // Die Kompetenzprofile der beiden Endkandidaten

Kompetenz« wird bewertet nach »Theoretischem Wissen«, »praktischer Erfahrung« sowie »Methoden & Skills«. Die »Persönlichkeit« wird unterteilt in die Faktoren »Erster Kontakt«, »Dynamik & Energie«, »Authentizität & Charisma« sowie »Intelligenz«. Diese 13 Faktoren werden vom Geschäftsführer der ALFRED SAIER GMBH und seinem Berater gewichtet und ausgewertet (vgl. Kap. 5.1.1). Besonderen Wert[40] legen diese dabei auf die Führungserfahrung bzw. Führungseignung, die Internationalität, die praktischen Erfahrungen sowie die Parameter »Erster Kontakt« (Rhetorik, Körpersprache, Format etc.) und »Dynamik & Energie«.

Folgende Unterschiede zeigen sich in der Bewertung der Kandidaten: Der deutlich jüngere und beruflich noch unerfahrenere Kandidat 1 zeigt in der Kategorie »Werdegang« tendenziell geringere Werte (W=2,93) als sein erfahrener und älterer Kollege (W=4,47). Dies besonders im Bereich »Führung«, wo er lediglich seit drei Jahren die fachliche Führung eines Projekt-Teams vorzuweisen hat. Durch die kurze Berufserfahrung wird er auch im Bereich »Leistung & Erfolge« deutlich negativer bewertet als sein Mitstreiter. Obwohl er sehr gute theoretische Kenntnisse hat, schneidet er auch in der Kategorie »Fachliche Kompetenz« zwar gut (F=3,55), aber auch hier schlechter ab als Kandidat 2 (F=4,00), der in allen Unterkategorien überdurchschnittliche Werte aufweist. Dieses Bild kehrt sich jedoch in der Kategorie »Persönlichkeit« um, wo Kandidat 1 in allen Kategorien sehr gute Werte bekommt (P=4,81), während sein Konkurrent auf die Position »Leiter Vertrieb/Marketing« hier nur durchschnittlich (P=3,19) bewertet wird. Durch die sehr gute Bewertung seiner Persönlichkeit nähert sich Kandidat 1 mit einem Kompetenzindex von 3,76 fast an seinen deutlich erfahreneren Mitstreiter ($K_{I(g)}$= 3,89) an.

Anschließend wird das Potenzial der beiden Endkandidaten für die Position »Leiter/-in Vertrieb/Marketing« auf der Basis ihrer Kompetenz und Leistungsreserven erhoben. Da das Potenzial auch von der Erwartungshaltung (auf der Basis der heutigen Unternehmenssituation)

---

40 // Da der Geschäftsführer deutliche Schwerpunkte in seiner Bewertungsskala setzt, wird die Kompetenz gewichtet ($K_{I(g)}$) berechnet.

der ALFRED SAIER GMBH abhängt, wird diese anhand verschiedener Kategorien diskutiert und festgehalten. Die Leistungsreserven werden nach vier, die Erwartungshaltung nach fünf auf die ALFRED SAIER GMBH zugeschnittenen Parametern bewertet.

A. Leistungsreserven der Kandidaten

Leistungsreserven	Kandidat 1 r_i 1 2 3 4 5 Niedrig → Hoch	Kandidat 2 r_i 1 2 3 4 5 Niedrig → Hoch
1. Ehrgeiz und Wille	☐☐☐☐☒	☐☐☒☐☐
2. (Arbeits-) Einsatz- und Belastbarkeit	☐☐☐☐☒	☐☐☐☒☐
3. Sprachen	☐☐☐☒☐	☐☐☐☒☐
4. Intelligenz	☐☐☐☐☒	☐☐☒☐☐
Leistungsreserven	$R = \frac{\sum r_i}{n} = 4{,}75$	$R = \frac{\sum r_i}{n} = 3{,}50$

Abb. 33 // Die Leistungsreserven der Kandidaten im Vergleich

Es fällt auf, dass – unter Berücksichtigung ihrer jeweiligen heutigen Situation – dem Kandidaten 1 besonders bei den Faktoren »Ehrgeiz & Wille« und »Intelligenz« deutlich mehr »Reserven« attestiert werden als dem Kandidaten 2. Aber auch der Parameter »Arbeitseinsatz & Belastbarkeit« ist bei ihm noch höher, während beide Kandidaten sprachlich ähnlich eingestuft werden. Die Leistungsreserven von 4,75 (Kandidat 1) und 3,50 (Kandidat 2) unterscheiden sich deshalb deutlich.

B. Zielpositionierung des Unternehmens

Auf der Basis der heutigen Unternehmenssitutation der ALFRED SAIER GMBH definiert der Geschäftsführer seine Unternehmensziele und Ansprüche wie folgt (vgl. Abb. 34).
Dabei legt er einen sehr deutlichen Fokus auf den Bereich Vertrieb, bei dem ihm die Verbreiterung der Kundenbasis sowie die Internationalisierung

Zielpositionierung	z_i				
	1	2	3	4	5
	Niedrig				Hoch
1. Betriebswirtsch. Ziele (v.a. Profitabilität)			×		
2. Vertrieb (Verbreiterung der Kundenbasis, Internationalität)					×
3. Planungssicherheit (Umsatz/Menge)				×	
4. Innovation		×			
5. Liefertreue		×			
Zielpositionierung	$Z_u = \dfrac{\Sigma z_i}{n} = 3{,}00$				

Abb. 34 // Die Zielpositionierung der ALFRED SAIER GMBH

besonders wichtig sind. Weitere wichtige Faktoren sind für ihn die Steigerung der Profitabilität sowie die Steigerung der Verlässlichkeit der Planung, während er die Bereiche Innovation und Liefertreue geringer bewertet, da hier die ALFRED SAIER GMBH schon sehr gut ist.

Der Gesamtfaktor Z_U ist mit 3,00 insgesamt als anspruchsvoll [41] und ambitioniert zu bewerten.

Kombiniert mit den attestierten Leistungsreserven – vor dem Hintergrund der Zielpositionierung der ALFRED SAIER GMBH – und der

---

41 // Viele Unternehmen machen hier den Fehler, dass sie ihre Ziele gerne insgesamt mit vier oder gar fünf bewerten. Das heißt, dass auf der Basis der heutigen Situation die Unternehmensziele sehr hoch gesteckt sind. Nur absolute Top-Kandidaten kommen für einen solchen Gewaltakt in Frage. Diese können nach der Potenzialformel einen maximalen P_I von fünf erreichen. Diese Kandidaten sind für viele dieser Unternehmen aber nicht zu begeistern – geschweige denn zu bezahlen! Auch ist es ein enormer Unterschied, ob ein Z_U von drei auf der Basis einer sehr guten oder schlechten heutigen Unternehmenssituation definiert wird.

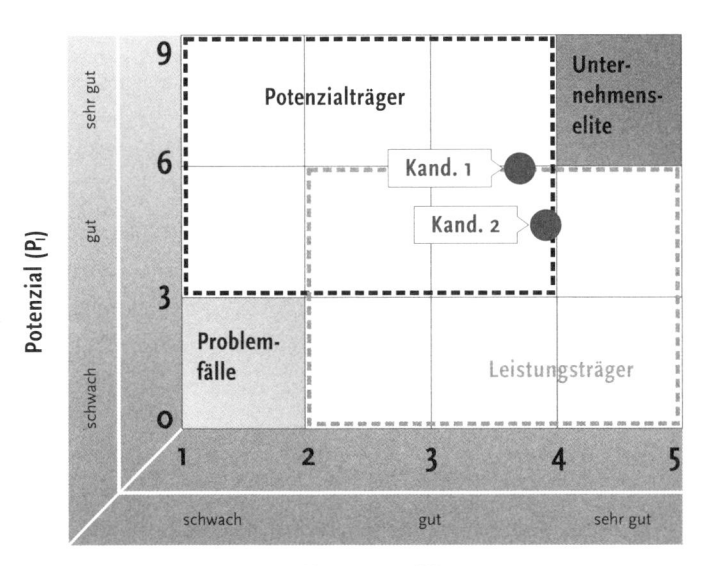

Abb. 35 // Kompetenz und Potenzial der Endkandidaten

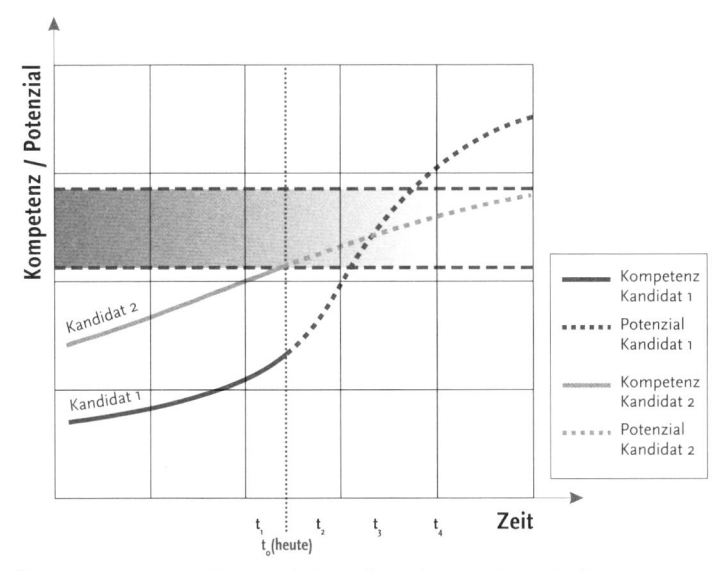

Abb. 36 // Kompetenz und Potenzial der Endkandidaten im Zeitverlauf

jeweiligen Kompetenz (Kandidat 1: 3,76, Kandidat 2: 3,89), hat Kandidat I (P=5,95) deutlich mehr Potenzial als Kandidat 2 (P=4,54). Dies wird auch bei der grafischen Darstellung in Abbildung 35 deutlich.

Als der Geschäftsführer der ALFRED SAIER GMBH und sein Personalberater versuchen, die Potenzialentwicklung über die nächsten beiden Jahre (t_3) zu prognostizieren, werden die Unterschiede zwischen den beiden Kandidaten noch deutlicher. Die Entwicklung von Kandidat I wird als deutlich schneller eingeschätzt. Auch gehen beide Beobachter davon aus, mit Kandidat I insgesamt viel anspruchsvollere Unternehmensziele erreichen zu können.

Als Ergebnis der Kompetenz- und Potenzialanalyse (unter Berücksichtigung der beiden Persönlichkeitstests, die beide gut ausfielen und nicht signifikant voneinander abweichen) bekommt Kandidat I ein attraktives Vertragsangebot, das über einen signifikanten variablen Anteil auch der prognostizierten Erwartungen an ihn gerecht wird. Während der Diskussionen mit den beiden Endkandidaten wurde auch sehr schnell klar, dass sowohl die Kompetenz als auch das Potenzial des internen Kandidaten deutlich niedriger ist als das der externen Kandidaten. Ihm wird in Aussicht gestellt, nach einem Jahr und intensiven Trainings- und Weiterbildungsmaßnahmen die Stellvertretung im Bereich »Vertrieb/Marketing« zu bekommen.

no. 7

100 gute Gründe, Personalberater zu sein

Faszination Executive Search

Faszination Executive Search // 100 gute Gründe, Personalberater zu sein

Zu guter Letzt möchte ich die Faszination Executive Search aus Beratersicht skizzieren und dabei betonen, dass die Suche nach Führungskräften und Spezialisten kein Nebenjob von Managern, sondern eine ihrer Hauptaufgaben und ein zentrales Vehikel der Unternehmensentwicklung und damit einer nachhaltigen Stärkung der Wettbewerbssituation ist: Executive Search ist Chefsache, der zentrale Punkt in der Stellenbeschreibung von Top-Executives und die Arbeit von Personalberatern

- im Zentrum und am Puls der Wirtschaft
- die man an keiner Schule lernen, aber überall anwenden kann
- in einem Umfeld, das täglich wichtiger und wettbewerbs-differenzierender wird
- auf Augenhöhe mit Top-Executives und Top-Entscheidern
- die Unternehmen sichtbar verändert und erfolgreicher macht
- die kumulative Effekte hat: die Spirale der Kompetenz und Professionalisierung
- die sehr stark in die Zukunft gerichtet ist und damit die Zukunft mitgestaltet
- die Chancen und Perspektiven bietet
- in den verschiedensten Unternehmen und Wirtschaftsbereichen: von riesigen Umformpressen bis DNA-Sequenzierung, von Gabelstaplern bis Micro-Sensoren, von Großbauten bis Bank-Derivaten, von Robotern bis zum Automobilhandel, von Labordiagnostik bis IT-Consulting, von kleinen Kommunen bis großen Ministerien, von Aerospace bis Tunnelbohrmaschinen ...
- in den verschiedenen Hierarchien: vom Vorstand bis zum Area Sales Manager, vom Aufsichtsrat bis zum Fertigungsleiter, vom Inhaber bis zum »Edelassistenten«, vom Geschäftsführer bis zum Produkt Manager ...
- mit den unterschiedlichsten Personen und Persönlichkeiten: vom agilen Vertriebsleiter bis zum exakten Controller, vom introvertierten Kaufmännischen Leiter bis zum umtriebigen Produktmanager, vom

logistischen Allrounder bis zum Entwicklungs-Guru, vom aggressiven Einkäufer bis zum omnipräsenten Qualitäter, vom unentbehrlichen IT-Chef bis zum umsichtigen Werksleiter, vom souveränen Marketing-Leiter bis zum agilen Vorstandsassistenten, vom Chefarzt bis zum Personalleiter …

- die dort anfängt, wo die des Unternehmens aufhört
- in unterschiedlichen Unternehmenskulturen: vom patriarchalisch geführten Familienunternehmen bis zur börsennotierten Aktiengesellschaft, von deutscher über amerikanische und französische bis zur japanischen Kultur, von wertschätzend bis ausbeutend …
- in unterschiedlichen Unternehmenssituationen: von Expansion bis Sanierung, von Nachfolgeregelung bis Post Merger Integration, von Spin-off bis IPO, vom Markenartikler bis zum Hidden Champion, von Innovationsschüben bis Konsolidierungen, von schrumpfenden Großen bis zum wachsenden Kleinen, von regional aktiven bis global präsenten, von kontinuierlichen bis sprunghaften …
- die Professionalisierung anstößt und Strategien ausgestaltet
- die sich mit dem Interessantesten beschäftigt, was diese Erde zu bieten hat: Menschen
- die jeden Tag noch besser werden kann und mit der man jeden Tag besser wird
- die die attraktivsten Positionen der Wirtschaft vermarktet
- bei der man jeden Tag Neues über Unternehmen, Märkte, Produkte und Menschen lernen und Erfahrungen einbringen kann
- mit der man nie fertig ist
- die in fast allen Regionen dieser Erde gebraucht wird
- die auch den Standort Deutschland stärkt
- bei der ein Auftraggeber und Kandidat genau analysiert, wem er sein Vertrauen schenkt
- die einerseits noch nicht bekannte Manager am Markt sucht und andererseits bekannte Manager im Unternehmen bewertet
- die nur im Team mit Kollegen, Researchern, Spezialisten und einem professionellen Back Office erfolgreich ist

- die einen in Kontakt mit Betriebswirten, Ingenieuren, Sozialwissenschaftlern, Medizinern, Psychologen, Pharmakologen, Ökonomen, Chemikern, Architekten, Kunstwissenschaftlern ... bringt
- bei der Zuhören und Mitreden, Fragen und Antworten gleichermaßen wichtig ist
- bei der man an der Realisierung von Visionen mitarbeitet und trotzdem mit beiden Füßen auf dem Boden stehen bleibt
- bei der man für seinen Kunden vertrieblich wie ein Key Account Manager, kreativ wie ein Architekt, diskret wie ein Anwalt und detailorientiert wie ein Konstrukteur arbeitet
- bei der man analytisch, konzeptionell, strategisch und gleichzeitig sehr operativ und hand's on arbeitet
- bei der man den langfristigen Erfolg eines Mandanten steigert und gleichzeitig blitzschnell agieren und entscheiden muss
- die durch permanentes »Kalt-Warm-Duschen« (Erfolge wie Einstellungen und Misserfolge wie Absagen von sehr guten Endkandidaten können im Minutentakt auftreten) belebend wirkt
- in der man durch viele Spezialaufträge zum Generalisten wird
- in der kein Suchauftrag dem anderen gleicht
- in der man euphorisch motivieren und gleichzeitig kritisch prüfen muss
- in der vermeintliche Bauchentscheidungen auf jahrelangen Erfahrungen beruhen
- in der man nach einem zweistündigen Gespräch die Verantwortung für die Beurteilung von 20 Jahren Berufserfahrung und damit für signifikante Weichenstellungen von Unternehmen und Biographien übernehmen muss
- die in komplexen Systemen stattfindet und in der trotzdem digital entschieden wird
- die in praktisch jedem Unternehmen gebraucht wird und
- bei der aus Kunden Freunde werden können ...

Anhang

Anhang 1: Abbildungsverzeichnis

Abb. 1 //	Executive Search & Selection: Ein integrierter, prozessorientierter HR-Ansatz	25
Abb. 2 //	Das Qualifikationsprofil eines Personalberaters	33
Abb. 3 //	Das Unternehmens- und Positionsprofil	45
Abb. 4 //	Die Wertschöpfungskette im Automotive-Business	51
Abb. 5 //	Die wirtschaftliche Aktivität von Städten (am Beispiel Stuttgart und Friedrichshafen)	54
Abb. 6 //	Die Passung von Kandidat und Unternehmen	59
Abb. 7 //	Die Unternehmenskultur und ihre Einflussfaktoren	61
Abb. 8 //	Bedürfnispyramide (nach MASLOW) und Aktivitätspyramide	63
Abb. 9 //	Die Wertschöpfungsbereiche eines Pharma-Unternehmens	72
Abb. 10 //	Die Zielpositionierung des Unternehmens	75
Abb. 11 //	Das Kompetenz-Modell	80
Abb. 12 //	Das Kompetenz-Profil	83
Abb. 13 //	Die Einstellung von Fach- und Führungskräften zu Veränderungen (nach: R. NIERMEYER, N. POSTALL: FÜHREN. 2003)	86
Abb. 14 //	Die Leistungsreserven eines Kandidaten	90
Abb. 15 //	Die Definition von Potenzial	91
Abb. 16 //	Das Aktionspotenzial	93
Abb. 17 //	Der Regelkreis	95
Abb. 18 //	Die GAUSS'SCHE NORMALVERTEILUNG und die PARETO-VERTEILUNG	97
Abb. 19 //	Gleichgewichtszustände	99
Abb. 20 //	Die Parameter eines Werdegangs	105
Abb. 21 //	Das Peter Prinzip (L. PETER und R. HULL, 1969)	112
Abb. 22 //	Führung – ein Beispiel aus der Musik (aus: Human Resources (WEICK, 2/2005))	117
Abb. 23 //	Das Gehaltsmodell	130
Abb. 24 //	Der Zeit-Manager	136
Abb. 25 //	Die fachliche Kompetenz	139
Abb. 26 //	Der Klinsmann-Effekt	142
Abb. 27 //	Die Parameter der Persönlichkeit	145
Abb. 28 //	HR-diagnostische Ergebnisse und ihre Konsequenzen	159

Abb. 29 // Kompetenz- und Potenzialprofilierung	161
Abb. 30 // Kompetenz- und Potenzialkurven	162
Abb. 31 // Das Organigramm der ALFRED SAIER GMBH	167
Abb. 32 // Die Kompetenzprofile der beiden Endkandidaten	173
Abb. 33 // Die Leistungsreserven der Kandidaten im Vergleich	175
Abb. 34 // Die Zielpositionierung der ALFRED SAIER GMBH	176
Abb. 35 // Kompetenz und Potenzial der Endkandidaten	177
Abb. 36 // Kompetenz und Potenzial der Endkandidaten im Zeitverlauf	177

Anhang 2: Abkürzungen

5S
Methode des Kaizen, die u.a. Ordnung und Sauberkeit fördert und Verschwendung vermeidet

8D
Methode im Qualitäts-/Reklamationsmanagement, bestehend aus 8 Schritten

AGG
Allgemeines Gleichbehandlungsgesetz

AIESEC
internationale Studentenorganisation

B2B
Business to Business

B2C
Business to Consumer

Batch
Produktionsmethode, bei der sequenziell, d.h. Charge für Charge produziert wird (im Gegensatz zu Vollkonti)

Benchmark
(engl.: Maßstab), vergleichende Analyse

BDE
Betriebsdatenerfassung

BfArM
Bundesinstitut für Arzneimittel und Medizinprodukte

Brain Drain
Emigration hochqualifizierter Menschen

BSC
Balanced Scorecard, ein Controlling- und Strategie-Instrument

CAD
Computer Aided Design, Konstruktions-Software

CAQ
Computer Aided Quality, Software im Qualitätsbereich

CAx
Überbegriff für Software im Bereich x, z.B. CAM ist Software im Bereich Manufacturing

CFO
Chief Financial Officer

CM
Category Management, Warengruppen-Management, v.a. zwischen Industrie und Handel

CRM
Customer Relation Management

CV
Curriculum Vitae (lat.: Werdegang)

DGQ
Deutsche Gesellschaft für Qualität

DRA
Drug Regulatory Affairs, Arzneimittelsicherheit

Due Diligence
Prüfung von Objekten im Vorfeld der Akquisition

EBIT
Gewinn vor Zinsen und Steuern

ECR
Efficient Consumer Response, Art der Zusammenarbeit zwischen Industrie und Handel

EDI
Electronic Data Interchange, elektron. Datenaustausch

EFQM
European Foundation for Quality Management

ERP
Enterprise Resource Planning, eine integrierte Unternehmens-Software

FAZ
Frankfurter Allgemeine Zeitung

FDA
Food and Drug Administration, US-amerik. Zulassungsbehörde

FEM
Finite-Elemente-Methode, Berechnungsverfahren im Engineering

FMCG
Fast Moving Consumer Goods, Konsumgüter

FMEA
Methode im Qualitätsmanagement, präventive Fehlervermeidung

Headcount
Anzahl der Angestellten/Mitarbeiter

High Pot
High Potential, Absolvent, Mitarbeiter oder Führungskraft mit hohem Entwicklungspotenzial

HR
Human Resources

HSG
Hochschule St. Gallen

INSEAD
Institut Européen d'Administration des Affaires, Business School in Fontainebleau (Nähe Paris)

IPO
Initial Public Offering, Börsengang

IFRS
International Financial Reporting Standards, internationale Rechnungslegungsvorschriften

JIS
Just-in-Sequence, Beschaffungs-Logistik, in der die Teile des Lieferanten nicht nur rechtzeitig (JIT), sondern in der richtigen Reihenfolge direkt an die Montage-Linie geliefert werden

JIT
Just-in-Time, Beschaffungs-Logistik, die rechtzeitig, d.h. ohne große Läger an die Montage-Linie liefert

KAIZEN
Japanisches Management-Konzept zur permanenten Verbesserung (KVP)

Kameralistik
Art der Buchführung im öffentlichen Bereich

Kanban
System der Fertigungssteuerung (auch Pull- oder Hol-Prinzip)

Konsignations-Lager
Das Lager des Kunden wird vom Lieferant bewirtschaftet. Kunde bezahlt bei Entnahme von Teilen.

KPI
Key Performance Indicator, zentrale betriebswirtschaftliche Kennzahl

Anhang ....

KVP
Kontinuierlicher Verbesserungsprozess (siehe KAIZEN)

ppm
parts per million (1ppm ist 1 Teil in einer Million Teile)

M&A
Mergers & Acquisitions, Unternehmensfusionen und -übernahmen

PPP
Public Private Partnership, Kooperationsform von privaten und öffentlichen Institutionen

MbO
Management-Buy-Out, das Management kauft das Unternehmen, bei dem es beschäftigt ist
Management-By-Objectives: Führen durch Zielvereinbarung

QM
Quality Management

RFID
Radio Frequency Identification, Identifikation durch Hochfrequenz

MIS
Management Information System (Software zur Unternehmenssteuerung)

ROI
Return on Investment, Rendite des eingesetzten Kapitals

MIT
Massachusetts Institute of Technology, Cambridge

Second Source
Ein zweiter Lieferant, der die Abhängigkeit von einem einzelnen Lieferanten (single source) reduziert

OEM
Original Equipment Manufacturer, Hersteller fertiger Produkte (z.B. Automobile, Maschinen)

SIX SIGMA
Statistische Methode im Qualitätsmanagement

PEI
Paul-Ehrlich-Institut

SOX
Sarbanes-Oxley Act, US-Gesetz zur Regelung der Unternehmensberichterstattung und Vermeidung von Bilanzskandalen

Supply Chain
Lieferkette vom Rohstoff/Lieferant bis zum Kunden

SWOT
Strengths (Stärken), Weaknesses (Schwächen), Opportunities (Chancen) und Threats (Gefahren)

Tier1/2
Zulieferer 1. bzw. 2. Grades

TPS
Toyota Produktionssystem, effizientes Produktionsverfahren in der Serienproduktion

TQM
Total Quality Management

USP
Unique Selling Point, Alleinstellungsmerkmal

VMI
Vendor Managed Inventory: der Lieferant steuert den Bestand seiner Produkte bei seinem Kunden

Vollkonti
Vollkontinuierliches Produktionsverfahren (im Gegensatz zu Batch)

ZfK
Zeitschrift für kommunale Wirtschaft